# MOBILE CLOUD

Business Models for the Social

Transform Your Business Using Social Media, Mobile Internet, and Cloud Computing

Ted Shelton

# 移动云

企业与员工、消费者、业务伙伴的
关系由此发生重大转变

〔美〕泰德·谢尔顿

中国青年出版社
CHINA YOUTH PRESS

中青文阅读

**图书在版编目（CIP）数据**

移动云：企业与员工、消费者、业务伙伴的关系由此发生重大转变 /
（美）谢尔顿著；王正林，肖静，王权译.
—北京：中国青年出版社，2014.6
书名原文：Business models for the social mobile cloud: transform your business using social
media, mobile internet, and cloud computing
ISBN 978-7-5153-2411-1

Ⅰ.①移… Ⅱ.①谢… ②王… ③肖… ④王…
Ⅲ.①互联网络 – 应用 – 企业管理 Ⅳ.①F270.7
中国版本图书馆CIP数据核字（2014）第086650号

Business Models for the Social Mobile Cloud: Transform Your Business Using Social Media,
Mobile Internet, and Cloud Computing by Ted Shelton

## 移动云：企业与员工、消费者、业务伙伴的关系由此发生重大转变

作　　者：〔美〕泰德·谢尔顿
译　　者：王正林　肖　静　王　权
责任编辑：肖　佳
美术编辑：李　甦
出　　版：中国青年出版社
发　　行：北京中青文文化传媒有限公司
电　　话：010-65511270/65516873
公司网址：www.cyb.com.cn
购书网址：zqwts.tmall.com　www.diyijie.com
制　　作：中青文制作中心
印　　刷：北京中科印刷有限公司
版　　次：2014年8月第1版
印　　次：2014年8月第1次印刷
开　　本：880×1230　1/32
字　　数：135千字
印　　张：7
京权图字：01-2014-2740
书　　号：ISBN 978-7-5153-2411-1
定　　价：39.00元

### 版权声明

# 那玩意儿都有 app 了！

为什么人们这么喜欢app？表面上看，每一个app都解决了人们面临的具体问题。但除此之外，还有一个理由就是：越来越多的智能手机使用者都会用"嘿！现在连那玩意儿都有app了！"来表达自己的满足感。每个app，都变成了一个小小的意外惊喜，让人们拥有了一种信手拈来的现成工具，可以在游戏中即时地充当一回行家里手，不论所玩的游戏是什么。再没有什么像这种情形那样让人感到惊喜，它给人以力量、信心，以及一种获得回报的感觉。真是令人愉快，因为有了app，你手头的任务即使再怎么单调乏味，也平添了一丝乐趣。

打个比方，你手头要完成的任务是购买一台新的割草机。你下载一个购物app到智能手机里，扫描或者输入割草机的型号，只需几秒钟，智能手机就会列出附近出售割草机的每一家零售店的名称及报价。又假如，你手头的任务是在30分钟之内复印一些已签署的文件，并且在开会前分发下去，但你当时正在开车。你可以把车停在路边几分钟，下载一些应用程序，以便能用智能手机的照相机来扫描文件，同样只需几秒钟，就可以生成pdf文件，然后用电子邮件把它们发出去。再比如，你开车去机场，出门已经晚了，但你还需要登机、安检，或者花钱在安检处购买白金服务，怎么办？也有相应的app！

这些任务最终都变成了什么？游戏。为什么购物也成了游戏？为什么发送文件也成了游戏？为什么你本来可能会错过的一次航班，反而成了一个游戏？到底是些什么样的游戏？这里的"游戏"，并不是狭义的娱乐层面，而是更广义的层面，**是指我们为了实现自己的目的和获取回报而遵守的一系列规则**。如果从这个角度去想，那我们的生活处处充满游戏。有的是大型游戏，有的是小型游戏：上学、找工作、找对象、求晋升。在公交系统里导航穿梭城镇，自己动手做一个法式蛋糕，或者是给朋友买一个让他绽放笑容的礼物，都是游戏。

**"游戏"这个词，代表着能激发人们积极性的系统**。如果我们将任务想象成游戏，我们可能在较短时间内设法完成，或者是以更高质量完成任务，并且我们进入一个希望不断获得进步的循环之中。将购物变成游戏，是近一个世纪以来企业用来开展营销和广告的核心工具：特价商品、限时折扣、只有前几名顾客才能享受到的折扣……如此种种，都是在构建一种能激发你购物热情的系统，换句话讲，也是游戏。越来越多的企业认为，工作也可以被赋予游戏的特性，其益处是：提升员工士气、提高生产效率、提高工作质量，等等。

不只是市场营销人员和老板试图用这种方式来操纵我们，我们甚至对自己也如此，通过app与智能手机，将各种任务变成一场场游戏。整个国家甚至全球都迷上了app。在过去几年里，智能手机的用户已经安装了数百亿个应用程序。app变得无处不在：易于理解的规则、极为重要的功能、灵活的交互、即时的回报。谁不想玩这样的游戏？

我在不停地使用"游戏"这个词，而且还会继续如此，因为当我们重新思考我们的生活、社会、企业时，特别是正在转变中的移动劳动力与工作场所时，我们必须牢记技术如何让我们更能理解、更有能力去影响人类行为的动机。**游戏化是让本存在于社会或商业环境中的不明显的游戏变得明显的一个过程，而这正是app所做的事情**。我们正在运用技术，将这个世界变成一系列的游戏，app让我们能够追踪进展，比较成就。app使改变更容易，让我们更容易适应新事物，更容易胜利，因为我们在做这些事情的时候会获得回报。变化是永恒存在的，喜欢游戏的人总能最好地适应，而适者生存。

在app时代，适应的意义还不止于生存，它意味着繁荣。本书将从商业的角度观察21世纪的新生活，我们已经步入这样一个世界：**任何一位商界领袖，可以以智能手机为武器，改变从商的方式、员工和商业伙伴互动的方式，以及创造价值的方式。**在这种新环境中，成功的关键在于打造企业，使其通过社会化、移动、云技术以及这些技术所产生的数据，来激励和奖励员工，并使客户满意：把这个世界变成一场游戏，从而实现个人和企业的目标。

要了解全新的app世界正在发生什么，以及游戏化怎样改变我们的工作和生活，不仅需要了解当前正在发生什么，还得通过亲身经历这种变革而学习。虽然变革的助推力量是技术，但变革的产生是当人们行为发生改变时，20％归功于技术，而80％归功于人和变革的过程。技术鼓励我们改变与朋友同事联系的方式、购物的方式，以及我们如何工作、何时工作。你的成功越来越多地取决于你行为的改变，而不仅仅是你是否使用那项技术。

**作为一名商业顾问，我写这本书，是希望帮助商业领导者构建或者调整他们的业务，以适应这个我称为社会移动云的时代。**我们做的每一件事情，其中的信息含量在极快地增长，我们需要新的工具来管理这个新的世界。社会化技术，扩大了我们合作对象的范围——从部门成员到全公司的员工，从全公司到我们的业务伙伴、客户甚至非客户。移动技术，是我们在任何时间和任何地点工作的全新方式。云技术，是人们办公的新地方，可以让我们通过每一个设备进行访问，而且每个人都可以实时访问。

**所有这三种技术，其涉及的核心是数据，这些数据从产品和过程中生成，由日益复杂的分析模型处理，并且向我们提供图形视图，以便于我们理解，并帮助我们制定决策。**你的业务全都涉及信息，而你的工作全都涉及你用那些信息做什么。你可能会想，你的业务只是制作鞋子，但同时，你的客户购买的也是一种在线服务。有了这种服务，他们能够和朋友们一块比赛，相互比较一番。你也许只是卖快餐的，但你的客户到你的餐馆，可能是因为他们能够玩一场现实游戏，然后从你的业务伙伴那里赢得一台移动设备。**你是在卖产品，还是在提供体验？**

每一家企业，都越来越多地涉及体验，而提供那种体验的媒介是数字化的。而关于体验的信息，就是你如何改进、推广、支持这种体验。为了成功，你必须将这个包含员工、业务伙伴，甚至你的客户的整个生态体系，整合到一个丰富的数据库和协作网络中。不过别担心，那个也有相应的app呢！

# 颠覆式的变革

在人类历史上，每一种技术的诞生，都改变了我们的生产和消费方式，也就是说，改变了我们今天所说的商业环境，制造了赢家和输家。15年前，互联网开始席卷市场，使得一系列的创新成为可能，造就了一批又一批新的公司，遍布在许多业已成熟的行业。当时，拥有书店、旅行社、音像租赁业务和媒体业务的公司，都受到这些新公司的挑战，但在很多情况下，受到挑战的公司依然在继续原来的商业模式，并没有调整它们的发展方向，以便与新公司保持一致。结果，很多历史悠久的品牌要么不复存在，要么依然在艰难应对已经发生的巨大变革。

如今，聘请我担任顾问的所有公司，都在抱怨一些共同的挑战，并就由社会移动云所推动的下一波互联网浪潮、下一次变革提出一些相同的问题。

一家消费者软件公司的客服部门主管和一家快餐服务连锁店的首席运营官都说过这样一句话："我不知道谁是我的客户，我也不知道怎样和他们联系，以便了解他们想要什么或者我们怎样才能更好地为他们服务。"

一家全国性的大型招聘公司的首席执行官和一家体育用品公司的营销总监都说："我们只以断断续续的方式和人们互动，但我知道，如果我们能以一种持续的方式跟他们（求职者、体育用品的采购者，等等）联系，围绕与我们的服务/产品相关联的一切问题进行沟通，我们将能创造更多的价值。"

一家大型化工公司的首席信息官和一家商务流程外包公司的首席运营官都说："我怎样才能让员工把他们在个人生活中已经运用的移动和社会化技术，在不影响安全或质量的前提下应用到工作中去？"

一家金融服务公司的销售副总裁和一家大型零售店的运营部门主管都问我："我怎样才能让员工们相互合作，从而为客户现场解决问题，或者共同提出着眼长远更好的解决方案？"

一家大型公司的保健产品分公司的总经理以及一家汽车制造厂的研究部门主管同时问我："我怎样与业务伙伴合作，来拓展我的核心产品和服务的价值，并且创造更具创新、更令人满意的客户体验？"

以上所有问题（以及其他更多类似的问题），都是关于创新、生产、交易和消费的过程，这些全都要依靠人的互动才能实现的过程，是可以通过运用一系列新的数字技术来改进甚至是产生急剧变革的。

这本书是关于社会化、移动、云这三种新技术的结合如何成为商业与社会中数字变革的核心因素，并且比历史上任何一次技术革命都更快、更深入地改变这个世界。**社会化技术、移动互联网以及云计算这三种技术结合起来所产生的影响，将创造令人难以置信的新商机。**同时，它们将摧毁那些没有准备好的公司，使产业发生变革，将那些不愿意或没能力适应的员工抛在后面。这三种技术，将给你和你的公司带来颠覆式的变革。

回顾20世纪90年代，当时的行业先驱想象着这样一个世界：互联网即将成为人们日常生活的一部分。如今，那种远见早已成为现实。互联网的引入，以及我们社会中每一个行业的转型，正在以前所未有的速度向前推进。如今，互联网已经变成了人们的一个场所，它不仅仅提供信息，还能通过移动设备跟随我们到任何一个地方，而且，它已发展成一种无处不在的、可靠的、易于使用的功用，就像电和水一样。我们正在体验一种新的消费者现实——持续的数字化接触。从早晨醒来的那一刻起，到晚上上床睡觉，我们数字化地建立彼此间的连接，以及我们与信息世界的连接。甚至在我们睡觉的时候，一系列新的产品也可以监控我们正在做什么，比如监控我们的睡眠情况，并将我们睡眠周期的数据传送到云端，等待我们去分析。

这种无处不在的全新的连接，正在改变我们作为社区成员、市民和消费者的期望——我们期望信息更透明，获取信息更便捷、更多更快地响应与参与，以及对影响我们的决策有着更强的控制，或者至少有发言权。简单地讲，我们希望在社区、政府以及企业中扮演一定的角色，成为其中的一部分。

作为员工，我们将消费者的期望带到了工作场所，他们期待公司能让我们使用移动设备、笔记本电脑和社交网络，期待公司能够更加透明、更有吸引力、更善于合作。第一波互联网浪潮中变革的力度与步伐，将在这第二波社会移动云的变革浪潮面前相形见绌。

在企业转型以及更为广阔的社会转型中，有一个核心因素在发挥作用，这也是我们在后面各章将要探讨的话题。这个因素是沟通成本，由此延伸的是协调成本，是对如何组织一切事务的一种投入。简单地讲，随着参与交互的人们数量的增加，他们之间沟通的复杂度（以及因此而出现的成本）也在增加。而沟通成本，是协调成本中最大的组成部分。当一个人跟另一个人交谈时，他们之间只有一种单一的关系，我们把这种关系假设为A<->B。但如果在沟通中增加1个人，那么，原来的1种关系一下子变成了4种关系，分别描述为：A <-> B；B <-> C；A <-> C；以及A <-> B <-> C（三个人一同沟通时）。增加第4个人，关系便从4种变成了10种，即2个不同的人之间有6种关系，3个不同的人之间有3种关系，所有的4个人之间，还有1种关系。每一种个性的集合，都创造了不同的特性，增加了会面、信息共享以及决策的复杂度。

在工业时代，为了有效管理组织，我们将创新、生产、交易整合到等级分明的流程之中，管理着每个人在每个流程中的互动，以便沟通与协调成本不至于让整个系统无法承受。结果，公司内部员工之间的相互关系，以及与外部人员（贸易伙伴、客户、监管机构等）的关系，一直都是通过"客户服务"和"采购"等类似部门树立起的隐形高墙进行管理，控制了信息从外部流向内部。

但与此同时，几百年来，我们的社会环境一直在不断发展，通过缩短距离和发展技术，降低了沟通与协调成本。城市使人们离得更近，降低了沟通成本；电话降低了距离对沟通成本的影响；而在过去的60年里，计算和网络的发展，一直在稳步地改变着计算成本的方程式。

我们现在处在一个临界点。过去的一个世纪以来，我们的商业和社会活动的规模日益扩大，在这方面，等级分明的组织结构和规定的流程发挥着主导作用，而沟通与协调中的创新却发挥着次要作用。但如今，**我们处在一个关键点上，社会移动云已成为一股更强大的力量，它使我们的企业发生了翻天覆地的变化，让所有的员工与流程不管对内还是对外都是公开的，而不是被隐藏在高墙之后。**

掌控这个新世界，意味着什么？你将怎样成为你所在行业的领导者（或者，至少成为快速追赶者）？要获得成功，你必须理解即将到来的技术变革将怎样影响你的公司和你所在的行业，通过适应由技术变革带来的新环境与新机遇，从而在竞争中保持领先地位。这本书将帮助你做出明智的决策、有效辨别各种可能的投资、做好定位以便再造企业与行业，它甚至将帮助你改进现有的商业模式，使之更加适合这个数字新时代。

在第5章，我描述了一个过程，我发现很多人和组织在应对这种技术变革之时，都经历了这样一个过程。我把这个过程称为ADAPT，以其五个步骤的首字母命名：知道（Awareness）、拒绝（Denial）、接受（Acceptance）、进步（Progress）和转型（Transformation）。我希望你在读这本书的时候，能够发展自己在这方面的能力，同时也能了解一下和下一波变革相关的因素，那将影响到我们在21世纪的生活方式。

第一部分

# 社会化、移动互联网、云计算技术

THE
TECHNOLOGY OF
THE SOCIAL MOBILE
CLOUD

# 第1章　遥控这个世界

我们身边的一切，都将再造。读这本书，有助于你在这种再造的过程中发挥积极作用。成为一位再造专家，要求有一双慧眼，能够洞若观火地辨析技术，洞察它怎样随着时间的推移而影响我们的社会、改变我们的生活。

## 三种技术

数字化转型，也就是将物质世界与数字世界融合成一个新的现实世界，这个转型如今正在进行着，并且改变着我们的工作、生活甚至思考方式。你的首要任务是了解承担这一转型任务的三种技术：社会化、移动、云。

**社会化技术**（Social）是指和我们一起工作的人、我们销售的对象、我们的供应商、和我们一起居住的人……他们来自不同的群体，以合作与协作的方式聚集在一块。它并不只是年轻人的在线派对，它还是每个行业的商业社区，人们相互之间协同工作的机制。它影响你的供应链、员工、顾客、竞争对手，还影响你的邻居、政府，以及整个社会。同时，还有下面这个根本性的转变：从等级分明的组织以及采用命令与控制手段的商业流程，转变成平级的网络以及协作的商业流程。

社交网络技术，是使人们相互交流和协调更为容易一组工具。信息技术最强大的能力之一便是使交流和协调变得更容易。经常有一些公司问我，"我们是不是应当屏蔽社交网站？"但是，让员工远离社交网络，就有点像把他们的电话从身边拿走。人们会因私事而打电话吗？当然。我们在做每件事时能否高效沟通与协作，是使工作变得更高效、更智能化的关键所在。正如我们在探索接下来两种技术时所了解的那样，不管身在何处，也不论什么时候，能否实现低成本的沟通和协调，对企业来说有着巨大的意义。

**移动技术**（Mobile）是我们工作的方式，也就是说，不论我们身在何处，我们总在移动之中：在家里、在车里、在街上、骑在割草机上、和孩子一块踢球、乘飞机，等等，对了，我们偶尔也坐在办公室里。移动意味着通过诸如智能手机等一些重要工具，能够与任何人联系，随时随地掌握我们所有的业务。如今，没有哪位企业领导者可以不要智能手机而正常工作。**智能手机已经超越了通信的**

**概念，甚至将替代我们一直以来在口袋里随身携带的两样东西——钥匙和钱包。**按照目前的发展趋势，这种智能的数字设备，很快便能够打开我们的房门，并且在商店或餐馆里埋单、支付。它们还将成为无处不在的扫描仪，感应我们身边的物质与数字世界的方方面面，比如在购物的时候告诉我们应不应该买、帮助我们交朋友，并且为我们提供危险警示，等等。

**云技术**（Cloud）就是办公室，也是我们新的工作场所。人们正逐渐把它当作一种公用设施来认识，一种处在"某个地方"的公用基础设施，使我们能够做所有事情。连接使沟通和协调成为可能。我们无须掌握涉及我们身边一切事物的全部知识，甚至也不必知道那些知识储存在什么地方，只需一个搜索引擎就够了。我们口袋里无须再带着现金，只需跟我们的银行账户连接就可以了。云使任何企业或个人对现有的产品和服务进行数字化延伸，或者创造与客户或供应商新的交互方式。从个人的角度，云是无限的计算能力，它能够在任何时候、在任何地方随时使用，随时准备回答我们的问题、存储信息、让我们和同事或朋友保持连接。但是，公司需要了解私营的、公开的、混合的云之间的微妙差别，关于这一点，我们将在随后谈到。出于商业上的特定原因，也许促使你的公司去运营私营的云，但是，当你能够把云计算作为一项公用设施时，可能拥有最大的优势。

社会移动云技术让我们能够重新思考我们做所有事情的方式。

**智能手机就如一种遥控设备。手握一部智能手机，你便随身携带了一台能够做一切事情的设备**。一切事情，知识、通信、访问、支付，以及对身边的机械和电子设备的控制，都可以集成到你的智能手机之中，在这种遥控的设备上轻轻点击一个app来实现。这就是社会移动云，并已是今天的现实，它将影响我们明天的整个社会。这种远程控制，也是你的游戏控制器，添加了一份乐趣，既是一种评估成就的方法，也是一种与朋友或同事进行比较、竞争和合作的手段。

随着某些新一代互联网公司一直不断地取得成功，传统的公司仍然常常拒绝承认社会移动云已经改变了它们的行业。虽然有些已经承认了新的现实，并且就其业务必须怎样进行改革进行过专门研究，但几乎没有哪家传统的公司激进地重新设想其业务。当我们学会发展与变革，并且充分理解社会移动云的全部含义时，会发现将有更大的变革挑战着现有公司及其陈旧的运营方式。

## 从互联网发展史中汲取的经验

当你阅读这段简短的历史时，要记住的最重要的一件事情是：成功的技术公司的战略，是逐步积累的。在第5章中，我将解释ADAPT模式，它能帮助你应对变革。将ADAPT策略建立在你对历史的理解基础之上，便能从各公司在过去几十年里经历的这种逐步累加的实验式的方法中获益无穷。ADAPT这个过程，在一定程度上依赖科学的方法——假设、实验、学习和改进。但是，为了以最高效、最节约和最有成效的方式来进行实验，你必须了解哪些技术是当前受欢迎的。

如今，正是极为紧迫地了解市场、熟悉市场的时候，其紧迫性再怎么强调都不为过。上一个周期，全都涉及明天即将发生什么事情，大家都在争先恐后地设想，假如成千上万的人们开始在线，这个世界会变成什么样子。这一次，我们不需要预测了。不但有数亿人在线，而且他们还能够移动地连接互联网。**对这些技术张开怀抱，再造你的企业和业务，并不是承担着标新立异的风险的事情，而是涉及企业的生存。**政府也在转变，管理社会的各种新方式，也将不断发展。个人和组织的竞争力，不仅取决于能否抓住这些变革的机遇，还取决于抓住机遇的速度。

可以用一个例子来形象且具体地描述今日商业环境的变迁，而且，它对各行各业所有企业来说都敲响了警钟，那就是报纸的变革。报纸行业一个至关重要的组成部分，取决于分类广告。这些不同的版面，代表了数字化时代以前的市场与数字化时代的市场之间的区别。当信息以一种线性的格式（如印刷品的格式）呈现时，分类系统是必不可少的。分类广告为报纸提供了一个极为重要的收益模式——任何人，只要大家想推销东西、购买东西、招聘员工、租赁公寓等，都可以在这种印刷出版物的相应版面上列出他们的需要，向报社支付一定的费用，让感兴趣的人看到。

但是，随着互联网的出现，人们可以更加高效地围绕这些业务相互联系，从而改变了这种模式。当这个市场不断涌现出新的公司提供招聘岗位、出租公寓，以及之前出现在分类版面中的各种广告时，每一家大型报社，都应该在其核心收益来源上看到不祥预兆。

各家大型报社都亲眼目睹了变革的发生。当新兴公司开始进入这些市场时，所有大型报社都比这些新公司的财力更雄厚，然而它们并没有视其为竞争对手，而是选择了退却，眼睁睁地看着一小部分初创的互联网公司占领了它们产品的核心市场，而这一部分市场，以前一直承担着为整个报社赚取运营费用的重任。

问问你们自己，为什么报社使得这种现象得以发生。问问你们自己，能够及早发现自身所在行业的下一个威胁，到底有多么重要。**问一问你们自己，在任何公司、任何行业，拥有一个试图找到方法颠覆自己企业的团队（或者至少是颠覆目前的经营方式）有多么重要**。问问你们自己，肩负着如此重任的团队，是不是企业实现再造以保证不被淘汰的关键力量。

在回答这些问题时，要明白大多数组织在创新方面表现糟糕。这个致力于颠覆自己企业的团队，可能需要一些外部援助。想想如今的智能手机行业是如何出现创新的。手机操作系统的制造商，促使其他公司发明app，并由此开辟了创新之路。对于各种app所做的实验，花费了外部公司大量的金钱，而不是手机或者操作系统制造商的钱。这些公司形成了一个**共同创造**的体系，通过外部创新，再造了它们的产品和企业。智能手机的制造商，就是这个**生态系统**中的一部分，既受益于成功的创新，也免予遭受app实验失败的风险。其他公司所花费的数十亿美元的资金，正迅速地改进智能手机的用户体验，增加了这些产品的被需要度。

你可能会说，创造牛态系统这个概念，比起其他行业，更适用于技术产业。比如，如果你是卖衣服的，你怎样来设计外部创新？又如，外部创新对公安部门会有帮助吗？然而，如果你的注意力过于集中在特定的产品、生产的手段或者提供的服务上，那么你就没有搞清楚市场如何演变以及你如何才能保证竞争力的关键点。

由于技术正在改变我们与市场连接的方式，改变着产品研发、推广、购买的方式，也改变着我们工作和生活的方式，所以，从这个意义上讲，社会中的每一个组织，都被技术所改变。你与周围的人以及你所使用的系统的每一个连结点，都被技术所改变。

想一想你的客户怎样和你的品牌互动，想一想你怎样让他们参与你的品牌设计过程。你是不是在下一个版本的产品中更接近客户的想法？或者，你有没有对客户进行过市场调查，有没有做焦点小组调查，了解他们的反馈与评论？与客户的衔接，将如何影响产品研发过程？社会移动云的主要操作系统就是开放。关于如何与客户衔接，外部创新可能意味着通过社交网络专家邀请客户，请他们在产品研发过程中贡献思想，邀请他们成为你业务的核心组成部分。

## 全景式思考者赢得生存

从1994年至2000年，万维网的早期探路者，就好比真人秀电视节目中的竞赛者，随着节目的一步步发展，越来越多的人被淘汰。那些生存下来的、成功地展开合作和协作的人，以及与各个要素建立了和谐关系的人，也正是有信心接受任何挑战的人。同时，他们也十分清楚地知道，对于生存而言什么是重要的，什么是不重要的。

20世纪90年代早期到中期，专家宣称，互联网将是更广泛的经济体系中一股极具破坏性的力量。公司和整个行业将会转型，客户的行为也会改变，全世界将浮现全新的商机。

接下来，所有的一切都变得极为糟糕。技术产业在经过长时间的扩张（1980~2000年）之后，很快变成了互联网泡沫。受到过分炒作的公司，仅仅因为它们可以向客户交付宠物食品或者礼品篮，就夸张地向客户承诺，一定要打造成一个又一个的商业帝国。结果，这些建立在泡沫之上的公司，要么一夜之间崩溃了，要么急剧地把注意力重新集中在那些不太大的业务上。

在这股被炒得火热的投资热潮中，两个微小的事实被人们忽略了：

首先，技术需要花时间才能获得广泛的采用，客户也要花时间才能改变他们基本的消费模式。当时，金融市场预计这些公司可以在几个财政季度的时间里，就引来海量的消费者，这样的预期并不现实。让互联网访问变得无处不在，单是构建高速互联网访问所需的光纤基础设计，也要比前面所提到的预期耗费更长时间。即使整个国家尽快地动员工程人员行动起来，每天都有施工人员拿着电钻在人行道和城市的街道上开挖、铺设光纤，同样也需要很长时间才能建设高质量的光纤网络。

其次，这些全新的市场相互之间存在全新的关系，需要建立一些机制来运营，但这些机制有待建立，而且要经历一段时间之后才能成熟。

这两个因素同时存在，但金融市场中人们的注意力跨度很短，其结果是：人们对技术潜在的长远影响无比兴奋，从而鼓舞了投资，但最终投资失败。人们心里想着马上便能获得满足的期待，远远超过了这些技术所产生的实际影响。同时，由于资本太容易获得了，公司之间只是相互模仿对方，导致供应量远远大于缓慢增长的需求。

在一项新技术的早期发展阶段，人们对其发展潜力总是兴奋不已。这些开创全新商业领域的企业，能吸引新闻媒体的大量报道，尽管报道远远超过企业实际的价值。因为在媒体看来，创新比已有技术与企业更具有报道价值。不幸的是，新技术的市场开发步伐有时赶不上报道所称的速度。最后，由于市场发展步伐缓慢而造成的崩溃，使得媒体和较为弱小的企业转而寻求新的机遇。

但对于那些注定要证明它们自身，并且最终产生真正影响的技术而言，等待它们的是一个正在稳步走向成熟且可持续的市场。这些公司很有可能变成极为成功且极具价值的公司。

从这个角度来观察整个互联网行业，我们可以把1994年至2000年的周期视为一段陡峭的、迅速上升的时期，而随着互联网泡沫的破裂，一下子跌到了"理想破灭"的深谷。

但要记住，技术创新和技术应用是一种稳定的、持续累积的现象。因此，从20世纪90年代的发展周期中，我们可以获得的重要信息是：重点关注那些挺过生产力停滞期的最优秀的公司。它们中的大多数，成功地跃升为世界领先的企业。知道哪些公司在20世纪90年代的金融市场风暴中生存了下来，是你练就一双慧眼去辨别哪些是有价值的技术公司的第一步。有几家公司在互联网刚刚兴起的1994年成立，如今已成为极具价值、实力雄厚的公司，尽管它们曾经被过高估值，并且随后经历了互联网泡沫的破裂。

正如在20世纪90年代，市场过度高估和过度投资于互联网行业那样，随后的一段时间，这个行业反被市场过度低估，因而投资不足，尽管这些企业的价值在持续稳健地增长。这种现象，在金融市场也很典型，在一个贪婪的、崩溃的周期之后，是一个令人谈之色变的惊恐的周期。

大多数新创的互联网公司成功了，因为它们意识到，技术在其所处的行业所扮演的关键角色，而这却是传统企业所拒绝或者忽视的。它们重新定义了市场如何运转、产品和服务、客户期望，甚至公司内部如何组织或者如何与业务伙伴合作等方面。

对非技术行业的公司而言，很难理解在转型业务中所采用新技术的重要性。很多公司完全将技术这块外包，认为技术对它们来说并不重要，因为它们只是一个制造商、零售商或者运输公司，而不是一个软件公司。但是，如果你低估了社会移动云的战略重要性，你就错了。这三种技术，可能会改变与市场及行业运营方式有关的一切。

另一个要留意的是你自己以及同事的行为。我此前提到过，对于一场技术变革，80%涉及人，而不是技术。对商业界的领导者来说，最有害的是摒弃整个技术发展甚至技术革命的概念。技术革命涉及你怎样改变行为、提升技能、设计新的流程，这将决定着你和你的同事能否成功地引导公司去适应社会移动云这三种技术。

不要拒绝，不要相信你能回到互联网时代以前的商业模式。那样的态度，将致使你的企业被淘汰。当你评估成功的企业时，这样的企业拥有行业变革者与再造者的所有特质，你会发现，员工以及员工的行为及适应能力，是使公司成功的决定性因素。作为一个商界人士，你应该已经明白，下面这一推理并无虚言：如果你想在未来的五年内在某个领域站稳脚跟，那么，最好是从现在开始涉足。

如果你需要我提醒一下，互联网的商业模式已近在眼前，想一想有多少个这方面的例子。想想百科全书行业是怎样再造的。还有些什么行业正悄悄地丧失其重要性，或者悄然消失？你是不是还经常使用电话公司丢在家门外的黄页？现在的你，是不是还经常去银行柜台办业务，跟五年前相比，情况如何？你有多少钱是通过邮递员来寄送的？你上一次和旅行社面对面交谈是什么时候？你最近有没有买过唱片，或者看过录像带？你还寄信吗？哪种品牌的胶卷最好？现在，我们很难去问别人这个问题了——因为大多数人已经不再使用胶卷。数字化转型永远地改变了这些。

但这仅仅是开始，因为如今不仅仅是关于数字化模式，也不是只有将我们和别人连接起来的互联网。今天，我们已经开始运用多样的便携式数字设备，在任何地点、任何时候，既因私事也因公事接入互联网，而数字已经集成到其他一切事物当中了。社会移动云已是我们生活、娱乐与工作的方式。

## 用社会移动云技术创办企业

想一想怎样运用社会移动云技术来创办你的企业吧。你一定不会希望过段时间再去考虑添加社会移动云的功能。如果你的确那样想，将大大落后于竞争对手，并且不可能赶上他们。你涉足数字世界的能力，无论是和员工、业务伙伴或是顾客一道涉足，总是逐步提高的，而且，你得不断地升级和更新这种能力。因此，如果你刚开始根本不去涉足，到后来将付出巨大的代价。等待，将让你付出更多，而且得到的依然是不完美的结果。问一下你自己，对你所在的行业，竞争对手是不是可以利用社会移动云这三种技术制造进入壁垒？你能第一个到达吗？

具备遥控功能的智能手机，其中的app能完全实现我们个人生活和职场生活的每一项功能。"电话"这个单词，其含义发生了变化。我们将继续使用"电话"这个词，尽管我们越来越少地用那种设备来打电话，同时，你还可以预期，我们的孩子和孙子们，将来根本不知道我们为什么称它为"电话"。将来，大多数时候我们不会用这些可以装入口袋的电脑来打电话，而是用它们来与信息系统互动。

我们处在人机交互的大规模变革的时代，这些新型的遥控手机，加速了这一变革的进程。窗口、菜单和鼠标的革命，定义了第二代计算机（图形用户界面取代了命令行指令），并且使之得到了广泛的应用，然而，**它马上将被第三代计算机所替代。触摸界面、屏幕上的虚拟"物理"，以及身临其境般的计算环境（在这样的环境之中，计算、传感器和语音通信被嵌入到我们身边的所有事物之中），将使得计算机逐步消失，与和我们接触的万事万物融为一体。**在10年时间里，电脑鼠标似乎会像我们曾经用来给电脑编程的打孔卡片那样稀有且古怪了。将来，我们只需要对着身边的电脑说说话、下达指令，它们便会自己组织起来，最大限度地满足我们的要求。

让员工拥有社会移动云技术，并且能与移动的合作伙伴、移动的客户连接，要求现在就开始行动。这是一项命令式的要求，不是一个选择。要记住，所有技术的部署，在全公司范围内出台政策，再加上学习的过程，都需要花时间。事实上，公司的每个部门都不得不改变，以便能够适应以社会移动云的方式开展业务。如果你等待，别人便会发明击垮你公司的app。

因为当前的技术变革比我们在过去的浪潮中所经历的变革迅猛得多，新的运营方式已经出现，由于它牵涉如此众多的人，因此，达到临界点的现象自然迅速发生了。

为了全面理解社会移动云三项技术对所有企业的深刻意义，你得了解那种临界点是怎样出现的，以及社会移动云的大发展将怎样将如此众多的人包含其中。为了理解那些，我将稍稍深入地阐述一下社交网络和云计算的趋势。

## 社交网络是迄今发展最迅猛的技术

移动技术的发展好比野火燎原，但是，社交网络的扩展甚至更快一些，事实上，它是移动技术的催化剂（因此，我坚持使用社会移动云的术语，而不是简单的移动互联网）。社交网络是移动劳动力的虚拟"饮水机"（饮水机效应是指员工聚在办公室饮水机旁聊天，在一个特定环境下与人建立联系）。比如，在一个工作场所一起共事的人合作得不是很好，或者团队组建得不是很成功，但他们可以通过社交网络这种更加个人的方式相互了解对方。社交网络使得移动劳动力变得人性化了。

虚拟"饮水机"的观点，只是强调了社交网络对公司内部功用的重要性。社交网络技术还给所有企业提供了营销、广告、公共关系、采购、销售、潜在的合作甚至融资的机制。

简单地讲，由于社交网络，我们形成了一种在线社交的概念，与他人互动已经成为你的员工、商业合作伙伴、客户生活中不可或缺的一部分。这也意味着现在的你跟从前相比，和人们联系得更多。这种联系的结果是开放——分享自己的观点，响应某个群体的愿望和诉求。社会移动云的标志性特点就是分享一切，要让你的公司生存下去，公司的企业文化必须要欢迎这样的特点。

在出版行业，当作者建立了粉丝群时，社交网络对书籍的出版是有帮助的。如果作者的粉丝数量超过了书籍运用传统销售手法而成功售出的平均数量，那么，那位作者在合同的谈判中处于有利位置。同时，电子书的兴起，使读者改变了阅读和分享书籍的方式。电子书以及阅读电子书的平板阅读器的流行，证实了如今商品的社会化和可迁移的特性，与人类固有的移动性之间的关系。当我们能在电子书的阅读器上携带10部小说时，谁还愿意在坐地铁或乘飞机的时候，背着厚厚的书本呢？

在电视行业，与上述现象相关的一种趋势正在发展。如今，电视网络正在运用社会化媒体来衡量某个节目是不是成功。在评估一个节目的生存力与是否成功时，社交网络上粉丝的数量这一指标正在与传统的评估指标形成竞争。

对于每一家企业，我们可以评估产品和品牌在社交网络上被人们提到的次数，从而了解产品的被接受程度。新产品的发布在市场上是不是反响很好？如果你的客户现在正在谈论这种新产品，那你为什么一定要等到季度财务报表的结果出来，再确定市场的反响究竟如何呢？

## 云：起连接作用的基础设施

在社会移动云技术中，所有技术都相互支撑、作用，因此，基础设施和应用程序必须共同构建。你需要同时构建社会化、移动、云技术。

把云想象成一种基础设施，好比电网。在开灯的时候，你不需要知道它是怎样亮的、电从哪里来，不需要特殊的灯泡和开关，也不必了解电力公司怎么去运营。在自己的办公楼里，你不需要电网，只是通过支付电费，间接地为基础设施的建设付了费。如果现在仍是100年前的经济和权力结构的话，那么，政府也许早就占用了云技术，云技术也许不归私营的技术公司所有，而是归公用事业公司所有。

四种技术正在迅速地实现标准化，它们是服务器、网络、存储和软件，造就了云计算的全新现实，各公司都在建造十分相似的数据中心。不过好消息是，作为企业，你不需要了解这些——它们都已经在那里，供你连接使用。

云技术改变了我们对IT部门以及首席信息官的职能的看法。尽管IT部门运营对于企业的重要性日趋下降，但了解IT，依然很重要。在你的公司里，对高新技术的理解，依然发挥着重要作用。首席信息官的职责不再是单纯的管理那么简单，比如管一管数据中心、网络和设备等，而是越来越侧重于扮演商业解决方案的代理人的角色。业务的持续性、数据的安全性、日益增强的业务功能性等这些目标，怎样通过社会移动云，来最好地服务于企业？**IT部门怎样成为企业变革的促进者？IT部门能不能改变企业中每个职能部门的工作模式，使我们变得更高效、更胜任，甚至更快乐？**

运用云技术来经营任何规模的公司，是一种容易养成的习惯，因为当你采用和创新这种技术，并且用它来改造你的业务时，可以降低技术成本。（或许我应当在这本书的开篇就写上这句话！）

从最简单的层面看，云计算意味着你再也不必拥有提供服务器、存档和通信功能的昂贵技术。就跟水电气等公用设备一样，你支付按量计算的租金，就能获得主机服务。你使用移动设备来访问数据，几乎不再需要把它们存放在我们手头的电脑中，所有的数据和信息，都保存在云端。在第4章，我会详细地阐述云技术的好处，比如即时连接互联网上的相互参照数据库，挖掘分析数据，不论地点在哪，都可以实现在任何设备上的数据同步，而且，能够让你在自己的智能手机上轻触几下，便了解整个市场和供应链的情况。

数字化转型意味着实体公司垄断时代的终结，也意味着社会移动云的兴起。人们已经一而再、再而三地谈论着实体公司的零售将怎样在互联网兴起的时代一落千丈，但是，人们谈论无线电收音机将会销声匿迹已长达20多年了。如今，随着人人都可以享用互联网，真正发展的趋势是：移动设备正通过为人们提供随需所应的信息和社交渠道，改变着人们对实体公司的体验。想到这一点时，人们存在这样一种谬误：我们可以把所有的生活都转到互联网上去，成为在线的动物，把整个地球真正当成一个村庄。这只是某些技术型专家持有的极端观点。你要记住的是，人们还是生活在当地，而不是生活在全球。**最成功的企业，是那些找到了合适方法，吸引人们同时投入到现实世界和网络世界中，并且都立足于本地。**就好比那句老话所说的："放眼全球思考，立足本地经营。"

任何一家企业都可以马上跨越全球，但无论如何，必须以和当地居民相联系的方式，来向社会宣传和推广自己的产品和服务。当我们读到关于云技术的第4章时，你会理解为什么互联网搜索变得如此无处不在。在想着云技术时，想一想搜索。输入你想搜索的东西，并且访问它，无论是离你最近的一家咖啡馆、一首怀旧歌曲的歌词、远在天边的非洲某个村庄的地图，或者在社交网络上用一个简单的链接来分享一个可编辑的pdf文档。现在，把你的思维向前拓展一步：没错，你可以拥有全球的客户，但是，使你的产品和服务满足本地居民的需要，将是关键所在。自然，客户的某些需要，是要立足本地才能得到满足的，比如，顾客搜索离得最近的咖啡馆，因此，咖啡馆要立足于本地的生意。而客户的其他需要，比如搜索某首怀旧歌曲的歌词，则是全球化的，无须立足本地。理解了如何使这两种需要结合起来，你将能完全融入社会移动云这三种技术之中。

重要的是，我得再次指出，我所说的"一头扎入互联网"，意思是强调全面的再造，而不只是零售业的再造：我们在现实世界中所做的每一件事，都可以再造，如学校、工作和娱乐。有人新造了一个单词"plork"（Play + Work），意思是"娱乐 + 工作"，用以描述人们对生活的一种非常真实的感受。当我们从满足基本的生存转向繁荣，下一步便是自我实现，也就是真正地享受我们所从事工作的一种自然状态。

**在某种程度上，社会移动云对社会的影响，比互联网的兴起对社会的影响更为深远，因为它将互联网带入到人们的手中，带到了更多地方，让人们有更多时间访问互联网。**

在第5章，我会展开描述ADAPT过程，如果你不想在这场游戏中落后，那么，"接受"是第一步。接受这样一个现实：我们在移动的同时，可以持续访问互联网、参与社交网络中的互动，借助云基础设施经营企业，如果不做一些功课，是很难接受这个现实的。为了充分理解社会移动云的含义，并且使之融入你的企业和行业之中，首先要从消费者的角度来观察。

如果你现在还没有使用智能手机，买一个，开始用。将来，没有人能够手里不拿着这种遥控设备而离开家。特别是，智能手机除了能够让你无时无刻访问信息、与人们保持互动之外，还将成为我们的钱包和钥匙。

至于另外一些要立即购买的高技术产品，如果可以的话，还需要买一台平板电脑。你将见证，云技术和又轻又薄的移动设备，加上迷人的触觉和视觉要素，当然还要连接互联网，将怎样改变我们的生活方式。使用云技术在你的电脑、智能手机、平板电脑之间访问同样的数据时，社会移动云无穷无尽的可能，瞬间变得清晰起来。人们说，他们之所以对智能手机上瘾，有着很好的理由，毕竟人们对传统的电视遥控器也上瘾，而电视遥控器仅具备智能手机的小部分功能。

开弓没有回头箭！这些趋势犹如历史的车轮滚滚向前，在我接下来逐个讨论社会移动云技术现有和未来的应用时，你可以先思考一下这些趋势。等你读到本书的第二部分时，你将能够着手创建一个特殊的团队，这个团队的目标是想出颠覆（再造！）你的公司和整个行业的高招。

# 第2章 社会化意味着连接
## 和自己竞争，与他人合作

在第3章，我将探讨如何使用移动设备来保持连接，以及云技术怎样提供连接的基础设施。但是，连接意味着什么？社会化技术针对的是人类社会最基础的基石之一，并且加快了社交的过程。新的软件系统消除了我们过去社交时受到的时间和空间限制，急剧地改变了人们可以一起实现的东西。将这些新能力注入到你的组织和产品之中，以及你与市场互动的方式中，将是成功的关键。

价格低廉的计算机系统和网络，已经将传播的成本几乎降到了零。要将创意传递到市场中，你不再需要拥有印刷机或者广播塔。社会化媒体利用新的技术，让每个人都有能力发布自己的创意——博客和专门的内容分享网站，都创造了将创意传递给广大互联网用户的巨大机会。

但社会化媒体只是一个起点，不是终点。假如没有办法将人们以及他们的创意组织起来，那么，如果让全世界每个人都变成一个广播塔，只会制造嘈杂不堪的声音。而在这个方面，正是社会化技术的力量真正变得有趣的地方。

## 社交网络

社会化媒体再进一步，就是社交网络，在沟通功能之上增加了组织沟通的能力。你认识的每个人与你想认识的每个人，以你希望和他们如何互动的方式分类，归到了各个群组之中。社交网络是将沟通发展为协调的第一步。社交网络提供了一种媒介，以便更容易地将社会化媒体与对某一信息感兴趣的某一类人群联系起来，那些受众可能是10个人，他们是你的密友，也可能是1000万人，都有着强烈的热情去改革政策或者推翻独裁者。不论是哪种情况，社交网络这一工具创造了协调的可能性，而且，也正是这种工具的使用，以及使用者的行为，决定了它的目的。

还记得第1章里关于遥控的内容吧，当你在遥控器上按下一个按键时，你期望获得某个特别的反应。当你使用社交网络时，同时发生的是你在遥控器按键背后的行为。如果你的圈子里是家人和朋友，那么，这个社交网络可能涉及对你个人来说重要的事件和观点。如果你的社交网络中大多数是商界人士，那么，其中的内容将是关于你的公司或者行业的。你联系谁，应当与你就什么事情联系对方是一致的。

如今，社交网络的好处在于，能在一个单一的空间里容下更多的人，多得超山你的想象，因此，你有机会接触到超出你想象的那么多人。并且你运用的工具也变得越来越高级，使你能够同时和很多不同的人们交往，分享很多不同的事情。这些社交网络使你的人际交往极具成效，且让你个人受益。

设想你现在正在参加一次商务鸡尾酒会，并且利用这个酒会的机会来工作。你已经参加这种活动100次了。你得认识人，并且让他们也认识你。每遇到一个人，你一遍又一遍滔滔不绝地向他们推销。这得花上好几个钟头。但现在，想象一下社交网络中同样遇到这种情况。你只需把你精心策划的推销演讲发送一次，放到网络之中，便可以了，这只需几分钟的时间。**甚至更好的做法是，你提出一个可以激发人们兴趣的问题。因为，要让人们在社交网络上参与进来，关键是问人们一些事情，而不是告诉人们一些事情。**如果你只是发表声明，就让别人没有机会开口跟你交谈。但是，你提了某个问题，得到了回答，交谈就开始了，关系就开始建立。即使你没有推销东西，和你互动的人们，也会积极主动地关注你，对你产生兴趣，而不是因为你在鸡尾酒会上接近他们仅向你表示礼貌。

这种互动还可以将不感兴趣的人群排除出去。这种互动是无限的、高效的、令人愉快的、富有成效的、开放的、友好的。

社交网络不仅仅是个人的社交俱乐部，所有的沟通、销售，以及与员工、业务伙伴、供应链和客户的互动都可以借助社交网络来进行。如果你不马上把社交网络纳入公司的运营，就会大大落后于人，并失去和人们愉快互动的机会。社交网络提高了你的商务生活的质量。想想你有多少时间一个人在工作，需要或者想要获得别人的某种反馈但却没能如愿获得，或者只能借助常规的会议才能获得，结果呢，频繁地开会让你浪费了大量宝贵的时间。我们在思考时，大脑一直在寻找外部刺激，以帮助我们处理信息。现在，那种处理信息的能力，只是点击一下鼠标的事，无论是和供应商谈某个想法，还是在想客户会不会喜欢两个产品捆绑销售。

不过，当你个人的圈子与你工作的圈子在网络上相互冲突时，会发生什么？社交网络具有渗入性的特点，不仅仅在于我们用社交网络做什么，而且在于我们身边的人用其做什么。不论你多么想使网上发的个人信息只针对你的朋友和家人，如果你的某位同事想了解你更多，只需快速地搜索一下便可找到。

你最近曾参加过政治集会吗？有人拍过你的照片吗？有没有人认出你，并且把你的照片上传到某个支持某一政治见解的网站上，同时把你的名字也添加到相片上？现在设想一下，人们搜索你的名字，就相当于你的政治见解在对全世界广播，不管是什么人搜索，搜索的结果是一样。这样的话，朋友、家人、同事和客户都有可能发现你拥护的政治主张是什么，不管那样的披露可能会有怎样的后果。你的老板有没有制订一条规定，禁止员工参加关于政治事务的公开集会？但有了社交网络，无时无刻都可能是公开的。

从短期来看，你的工作性质，也许要求你更加注意保密，不让别人知道你去过哪、和谁在一起，以及做过什么，如果披露那些情况，会对你个人声誉或者你的企业产生负面影响。但从长远来看，我们的社会、商界，越来越能容忍个人之间的差异和偏好了。宗教信仰、种族、性取向、所属政党等方面的多样性，还有我们之间其他很多方面的差别，正日益被人们所接受。有时候，这些差异甚至还受到人们的欢迎，带来更多的合作、学习和共同解决问题的机会。

人们之间相互连接的能力，以及向外界更深入地介绍自己的能力，使得真实性增加了——在向生活中遇到的每个人展示自我时，真实性提高了。我们向外界展示自我的信息远远多于我们所发布的信息，不管我们是打压异己，还是欢迎差异，最终都更多地展示了我们真实的一面。

尽管面临各种挑战，你仍需要利用社交工具来打造你的企业。不让员工使用社交网络，等同于不让他们打电话。商业行为全都涉及沟通，为什么你不希望员工拥有这种当前可用的最强大沟通工具呢？没错，使用这些工具，的确存在一些风险，而且，风险必须加以控制。首先从制定一个全面的商业沟通策略（不是社会化媒体策略）和加强教育开始。让每个人都知道，哪些事情会让他们陷入麻烦，哪些事情会让他们远离麻烦。在公开的论坛（或者甚至私密的论坛）上发布的每一封电子邮件、每一次打电话和讨论的内容，别人都有可能公开传播。想想你在公司内部与合作伙伴及客户进行商业沟通的各种方式，并且考虑一下，当那些沟通的内容成为在线社交网络互动的一部分时，无论你是无意透露的还是有意透露的，会发生什么。

第3章讨论了手机及其在数字化转型中的作用，但值得在这里提出的是社会化技术和移动技术之间的紧密关系。即使你坐在桌子旁边，别人用链条把你绑住了，但每次只要你登录社交网络，和你连接了的人们，可以在任何时间、任何地点和你联系。社会化和移动技术，可以使分散的人群进行交往。你可能坐在办公桌旁边，但回答你在社交网站上所提问题的供应商，也许此刻在机场转机，正坐在机场的大门口，用他的智能手机来回答你。

移动设备还是一个传感器，可以捕捉人们在无数个工作和娱乐场所的声音和图像，然后将那些录制下来的声音和图像广播。社交网络比可移动的工具发展更快，并已经成为移动技术快速发展的催化剂。社交网络，是数以亿计的人们无时无刻都想处于在线状态的原因——分享他们的体验。

当你用上了智能手机，你会注意到的第一个现象是，只要你不想让自己空闲下来，你便不会再有任何的闲暇时间。打个比方，你在熟食店点一份三明治，排队的时候，可以回复几封有关工作的电子邮件，或者看一看股市新闻，或者查一查日历、天气情况、航班延迟消息，或者了解一下员工在社交网络上的互动情况。可以做的事情还可以列举很多，只要你的手机上安装了那些app。当然，这也许不是一件好事，请不要忘了花时间来凝神思考——这是我们自省和创新的最重要的方式之一。但是，移动设备让你多了一些选择。

社交网络给你带来潜在客户，其成本仅是传统营销方法成本的一部分。员工能够使用社交网络，更迅速地来解决问题，并且提高他们的满足感；你和供应链上的商家，从来没有这么好的机会来有效沟通，消除失误和浪费；可以说，甚至不需要使用价格高达数百万美元的、着重于分析的商业智能企业软件。社交网络，人人都可以访问，可以降低成本，而且是高度可用的。结果是什么？没有人想避开它，人人都想参与，实际上每个人也在参与。还要记住的是，参与其中的每一人，身份都是市民、客户和员工。一定要把最后这句话牢记在心头：最大限度地利用社交网络是成功的关键所在。

可发现性（Discoverability）是一个与同级通信网络相关的术语。简单地讲，如果你是社交网络的一分子，你可以搜索其他与你有相同兴趣主题的人。可发现性是一个系统对人们的意图作出响应的能力——你知道你想寻找什么，而且你在运用这个系统去发现。

还有另一个和社交网络的优势有关的术语：意外发现（serendipity）。意外发现是可发现性的另一面。当你把志趣相投的人们聚集在同一个空间开展头脑风暴活动时，就会出现意外发现。不同于你对某主题感兴趣的意图——你不知道你想寻找什么，你只是大致知道某一主题。一个软件系统使员工能够制作关于他们自己的简表，在简表上说明他们正在做什么工作、对什么事情感兴趣，然后围绕那些兴趣形成几组人。

可发现性和意外发现，是社交网络带给企业的双重礼物。它们可以带来合作，造就新的工作方法，提高生产能力，促进产品开发，并且推动交互式营销，等等。

## 共同创造

社会化媒体和社交网络构建了一个系统，改变了我们创造的方式，有时我们称为社会化生产，更常见的是称为共同创造（co-creation）。当你带着一个目的进行社交活动时，真正的转变就产生了。社会化媒体和社交网络这些工具，不是对以往互动方式的温和改进，而是从根本上改变了我们的互动方式。企业必须设计一些系统来鼓励协作，提供适当的激励，运用相关技术，以支持人们朝共同希望的结果一同协作。

我曾简要地提到社交网络怎样成为移动劳动力的"饮水机"，那种人与人之间的联系，使人们能够在团队中一块共事。在知识经济时代，信息分享的本质是促成合作。一旦员工不再受到枷锁捆绑，以结果来衡量回报，并获得授权成为雇主的代言人，那么，合作就成了必要的事。人们在物理空间的工作越是单独的，他们通过社交网络的合作也越多，因为这是群居动物的心理特征。虽然工业社会要求工人们在装配线上单打独斗，做好自己的事情，但知识经济要求员工合作。

企业流程的设计必须要鼓励合作、鼓励信息共享，并且奖励员工的贡献。激励机制的设计是一个过程，要求你审视利益相关方、他们的互动方式，并在过程中注入表彰和奖励，以支持你所期望的结果。我说的表彰和奖励，并不只是金钱（尽管它或许也很重要）。想想口头或书面的表扬、表示对出色完成的工作感到满意、提供休闲娱乐，或者让员工觉得对某一项值得付出的事业做出了积极贡献。所有这些，对表现出色的员工来说，其影响比单纯的金钱大得多。

## 和自己竞争，与他人合作

让我们花一点时间谈谈竞争。**社会移动云世界的信条是：和自己竞争，与他人合作**。在你的公司内部，应当有一个以击垮你的公司为使命的团队，这就是你在和自己竞争。这就要求将适当的预算投入进去，适当地建立那样的一个团队，确定其领导人选，并且让团队中的每一个人获得整个公司的支持。再没有比自我竞争更好的方法来获得竞争优势了。不让你的公司被淘汰，付出多么巨大的努力，都是值得的。在孩提时代，老师就一再教我们，要和自己竞争，而不要将自己和别人对比。作为父母，我们也知道那一点。要将这种理念应用到你的公司中去。

与此同时，设计一些让你的员工能够走出公司和别人合作的体系。在你的公司门外，有很多聪明人，这些人中的大多数都非常乐意帮助你实现你的目标。他们的动机，跟你的员工的动机并没有两样——在做了有价值的贡献之后，寻求获得认可、重视、满足感，以及财务回报。他们带来了新的观念、不一样的技能，而且将采用更加宽广的视角来观察你公司面临的挑战。

## 从消费者角度观察社交网络

在继续往下看之前，先注册加入一个社交网络，只需建立一个个人账户，暂时先把那些商业意义丢在一旁，你将通过潜移默化、耳濡目染的方式来了解商业意义。太多的商界人士告诉我，他们没有使用过社交网络。听到这些话，我感到震惊。特别是那些有子女的人，他们本来应该连接互联网，以便了解他们的孩子都在网上做些什么，但也没有加入社交网络。一旦你由于个人事务而使用社交网络，其商业含义将会逐渐显现出来。当你成为社交网络的用户时，你将在几星期的时间里，比之前更好地了解自己的顾客和员工。

从消费者和消费者行为的角度，当你作为一名消费者，在社交网络搜索你感兴趣的主题时，观察一下购买过程正在发生什么样的改变。首先，有很多信息植入，让你知道某一商品，然而使你产生购买决定，选择销售点，甚至在购买过程中有机会进行互动，并且在购买结束后能表示支持与拥护。对于你的顾客，你也要提供类似的机会，并且当他们在分享意见时追踪客户的行为。

同时你也需要让自己熟悉那些可以分享特定媒体的网站，比如分享视频或演讲等。在这些网站上，每个人都可以发博客、分享信息、发表评论和信息等，相当于每个人拥有专属自己的电视台和报纸，并且，这种自媒体的能力是无限的。在此基础上添加移动技术这一关键工具，比如用于购物的app，作为一名消费者，这样的app将成为你的导购，从数百条产品评价中获得信息，不管这些信息中表达的偏好是清楚的还是不清楚的，在这些信息的基础上，你能形成一个明智的购买选择。

我并不是考虑将来如何，而是在探讨当前。社交网络实际上是一系列将个人相互联系起来的在线活动，它绕开了媒体巨人这一传声筒。你的公司能否提供那些在线活动，将是能否生存下去的重要因素。

为了理解社交网络在商务方面的运用，可以研究一下新型的购物和团购网站。协作式在线消费者行为最新的一种类型是：社会化购物，这是优惠券的电子版。以下是这种新型游戏的一个例子：如果购买的人数达到了一定数量，商家会同意为消费者提供产品或服务的折扣。在每个城镇，总有一天是特价，这个网站就担当这种服务的"股票交易所"的角色。你作为一名消费者登录该网站时，将了解到当地每日优惠的产品是什么，并且决定自己是否购买。折扣力度很大，从滑翔飞行课程半价销售，到当地的保龄球馆门票打折。如果有足够多的人购买，商家就会同意打折。有一个收报机显示了有多少人已经购买、商品是不是正在打折，并显示出打折的时间剩下多少小时、分钟和秒。

很多公司还处在创建移动支付系统的早期阶段。移动支付系统是指在智能手机上安装app，向其中充值、存钱，如果你看中了某件商品，想买下来，只需在智能手机上点击，便可实现移动支付。这些app将消费者与某些特定商品联系起来，促使他们在这些特定商品上花更多的金钱，并且产生了大量的数据，公司可以对其进行分析，以便理解消费者的偏爱、行为、信念和习惯，并最终影响他们。

那样一来，我们最终会停止使用塑料的信用卡和纸质的货币，而且这是指日可待的事情。未来几年，我们在社交网络中将通过使用积攒的数字化价值，来购买产品和服务，通常是企业给予消费者的一种奖励性质的积分，而且这将成为一种常态。你也需要用这种方式面向消费者。

关于社交网络，还有另外一条重要经验，那就是"意外发现"的作用：正确的时间、正确的地点，会给你带来商机。想想以前房地产业的不二信条：地段、地段、地段。这样的信条也同样被应用到社会移动云中。为什么零售商的地理位置十分重要呢？因为，如果你处在交通高度拥堵的地带中央，这个地带中步行人群也会很多。而一个过路人，很可能一时冲动决定看看商店里都卖些什么。如果你在店内制造了十足的活力，就可能吸引到一群人。一旦有几个人围在附近，就可以把更多的人吸引过来。

可以将这一原则应用到社交网络的"意外发现"中。如果你在一个很受欢迎的社交网络中，而一个与你行业相关的主题蹦了出来，那么，你可以要求加入其中参与讨论，而那种"意外发现"并不完全是偶然的。一些有着某一兴趣的社交网络群组常常使得他们自己进入"意外发现"之中。或许你曾听说过"你可以创造自己的命运"这句话。嗯，它也适用于社交网络，也是你为了在社交网络中取得成功必须做的事情。"要分享，不要独占"这句话，在网络空间中是一条重要的原则。分享，并且希望你分享的对象也和你一样乐于分享。连接更多的人，以便为"意外发现"创造更多的机会。

在后面，我将提供一些公司的例子，尽管它们规模不一、有不同限制因素，但都在社交网络中表现出色，我将介绍它们是怎么做的。在你探索社交网络时，首先把下面这个术语牢记在脑海：数字动觉（digital kinesthesia）。

动觉是你的身体在空间中的一种生理感觉，也就是说，即使你的眼睛闭上了，看不见自己的手，你也知道你的手放在哪个地方。所谓数字动觉，就是你对自己所处的在线世界，以及你怎样与那个世界进行互动的感觉——自我的身体、情绪、心理和智力等方面怎样受到刺激、怎么参与数字世界中的互动等。它是感觉的在线版本，也是商务活动怎样进行及怎样发展的关键。一个简单的例子是，当你有段时间没有用电子邮件，而你知道越来越多的邮件已经在收件箱里堆积如山时，你可能会觉得焦虑不安。

## 社交网络中的员工与业务伙伴

我早前曾说过，你应当加入一个社交网络；除此之外，你还应当加入一个商业网络。没错，在你的智能手机上下载一个商业网络的app，下载一个社交网络的app，也登录一下职业社交网站。这些网站的迅猛发展，表明了人们有多么认真地参与社交网站的互动。看一看你有多少员工、同事和朋友在这些网络上，这取决于你的行业以及公司，不过很有可能大多数人都在这个网络里。一个世纪以前，这或许被视为麻烦，可能是员工在外边找工作。但今天，这种现象已经成为标准，你得理解并接受现实。他们不是在那里找工作，他们是在接触各种各样的机会。合作的机会、发展潜在客户的机会、获得生产创意的机会……如果你承认这些网站的力量，就有可能充分利用这种现象背后的巨大商机，而不是被它所威胁。开放，是在社会移动云中针对企业开出的最为重要的"处方"。

如今，每个人都是他自己的CEO，换句话说，每个人都是他自己的品牌。人人都在为培育新的业务关系和开展当前的业务而建设自己的王国、制订自己的策略、建立自己的社交网络。作为一个老板，你希望那些最优秀和最聪明的人才对你的业务感兴趣，从而与你的公司互动，加入你的项目和团队。出于那一目的，职业社交网络可以作为你公司的广告，同时也作为公司搜罗人才的场所。

有很多陈旧的思想需要变革。在思想方面，需要进行的第一个变革是停止囤积、开始分享。如果某位明星员工出现在职业社交网站上让你觉得有威胁，那说明你并没有用社会移动云的方式去思考。首先，任何员工的基本信息中，都有你公司的名称，并且把名称放在突出的位置，这对你来说，无异于打了一个小小的免费广告。如果这位员工格外优秀，那么，他还很好地代表了你。也许只需一点小小的鼓励，一位工作很快乐的员工，能为你招聘到更多人才。

员工参加社交网络最重要的一个方面就是：每一位员工，如今都是你公司的代言人，他们不只是在鸡尾酒会上闲谈，他们的谈话，全世界都可以听到，所以，每一个组织，都需要有涉及在线行为的规定。你当然是想鼓励员工在社交网络上传递积极的信号。但任何想要控制和约束社交网络上交谈的企图，好比第三世界的独裁者试图阻止其国民使用互联网，以便对人民进行控制。而那种控制，如今已经根本起不到任何作用。所以，只要保证每个人都理解社交网络的含义就行了。比如，假设你拥有一家伏特加酒厂，你也许希望你的员工不要在社交网络上展示他们自己喝醉了的照片，但有些员工的确会那样做。对那些员工，要让他们了解那样做对公司和他们自己有什么后果。

这种规定的制定与执行，是一个棘手的主题，因为涉及对员工私人生活领域提出要求与指引，毕竟你有什么样的权利来指示员工该怎样玩他们自己的社交网络？这并不存在确定的答案，但你需要根据你公司的文化来应对这个问题。在制定规定时，要记住的是要对信息做到尽职调查。不准确的、不真实的，或者不完整的信息，在互联网上一旦传播开来，可能很快就损害公司的可信性。

我希望你已经理解了本章中的信息——它不仅仅是关于社会化媒体，或者社交网络，甚至共同创造。把你的公司想象成一个社会化的企业，如果人们更加有效地合作，每一个职能部门、每一个工作流程，都可以改变。

# 第3章 移动技术

## 大大摆脱束缚

智能手机的遥控功能，是大大地摆脱束缚的关键。所谓摆脱束缚，是指我们能够将自己的工作，不再和某个特定的固定场所绑定在一起。我们不必坐在办公桌前，也可以完成工作任务。现在，我们可以到工厂的车间走一走，或者外出喝下午茶，但同时能够随时掌控可能发生在别的地方的某些重大事件。根据摩尔定律（Moore's Law）（摩尔定律认为，随着时间的推移，计算机的能力将成倍增长），普通的便携式计算设备的能力，正在以极快的速度发展——处理器的速度、存储能力、网络连接等，所有这些都在一次又一次地倍增，而且会继续倍增下去。这种不断倍增的能力，将人类的能力拓展到超人的状态，改变了我们的期望和行为。

　　我们将研究三个关键领域：最明显的是始终连接性，即持续数字化互动。但同样重要的是，便携式电脑帮我们感知这个世界，增强版的现实应用将信息投射在物质世界，增加了第六感官，而之前我们是依赖五种感官感受物质世界。日益复杂的电子设备极大地扩展了五种感官，通过云技术，提升了我们理解我们所感知事物的能力，甚至可以将我们的体验与其他人分享。

　　在我们研究**连接性、增强版的现实，以及传感器**这三种正在拓展我们的能力并改变我们工作方式的趋势之前，让我们先来了解一下便携式电脑的历史及其技术能力发展史。

## 新的技术能力

　　从某种程度上讲，可移动电话至少已有80年历史了。20世纪30年代，某些远洋客轮上的乘客，可以通过无线电向当时仍是新事物的座机打电话。但令人惊讶的是，到20世纪40年代下半叶，美国一些公司就已经将汽车电话引进到一些城市之中，不过，当时这台设备重达80磅左右（约合36公斤）。在这一领域，创新步伐受摩尔定律的主导，以至于还没到1973年的时候，第一台手持式的移动电话就问世了。第一台样本仍然重达2.5磅（约合1.1公斤），不过，移动电话随后开启了日益加速的小巧化进程，这些手持式的电话尺寸迅速缩小、重量迅速变轻。

　　与电话的体积越来越小的发展趋势并行的是，另一个行业也在发展手持技术——电脑制造商，它们在20世纪70年代刚刚制造出首台个人电脑后，同样也开始着手制造便携式电脑。在80年代早期，这类电脑出现了爆炸式发展。然而，这类电脑的重量通常在20磅（9公斤左右），常常被人嘲笑为"携带式计算机"（比便携式稍大的电脑），意指要将它们从一个地方带到另一个地方，得费很大的劲。

为了能将计算设备变成手持设备，设计师们考虑可以通过限制这些设备的能力，制造出一种称为个人数字助手（Personal Digital Assistants, PDAs）的新型计算机。这些设备的主要功能是可以替代一些纸质工作，数字化记录预约，并可以完成少量任务。这个创意是新颖的，因为人们想在自己旅行和行走的时候，身边携带一台电脑。个人电脑以及移动电话这两大制造业，都发现了这种新型计算设备的商业机会，尽管它们是以不同的方式来抓住这一机会的。

事后看来，电脑和手机融为一体，似乎是十分明显的趋势。在手机制造行业中处于领先地位的公司，也是便携式计算机制造业的早期领军者。几家手机制造厂商开发了一些产品，在手机中提供了有限的个人数字助手的能力（包括预约、地址簿等）。当联系人的电话号码保存在地址簿中，当然对直接打电话有价值，在当时打电话是手机的主要功能。但是，最初将个人数字助手与手机结合起来的创意，其吸引力非常有限，因为只是原本需要把两者都带在身上，现在只要带一部手机就可以了。而手机的价格比原来高出很多，而且只是为了不再随身携带纸质电话簿，因此，对大多数手机购买者来说，几乎没什么意义。

很多制造商开始做实验，尝试着在手机中增添其他各种功能。最初的实验之一，是将手机与数码相机集成起来。于是，几种不同的细分市场相继浮现——音乐手机、照相手机，还有游戏手机。但是，虽说这些创新都是发生在手机市场之内，但个人电脑行业已经做好了响应的准备。

电脑行业为手机市场提供了三方面重要创新——卓越的移动网络浏览体验、触摸屏界面、一种销售与激活手机的新方式（不再依赖运营商）。电脑行业提供一个系统允许第三方为手机制作app，将其触角延伸到了手机行业。

随着市场份额的缩小，很多传统的手机制造商纷纷退出了市场。虽然有几家非计算机的制造商仍在市场之中，但大多数如今已与电脑产业联手，就操作系统和访问第三方app而展开合作。对移动设备来说，这个行业的战斗基本结束了，已明确树立起了手持式电脑的业务，这种设备既能打电话，又不是一个电话，它具有能在市场中大获成功的计算机的功能。

短短5年间，整个手机行业就开始转型了，人们能够将计算机功能嵌入到手机之中。作为消费者，我们的期望也迅速改变了。在2010年，只有19%的美国人使用智能手机。但如今，百分比超过了50%，而且，如果年龄超过55岁的人不计算在内的话，百分比超过75%。

## 连接性

如今，你能做哪些五年前根本不可能想象的事情？以下就是一个例子：只需轻触几下屏幕，就可以连接到云，传递新闻、信息、意见、与人建立连接，并能够和其他人一同采取行动。所有这些，改变了我们能够知道和能够做的一切，而且可以越来越轻松地进行。我们正进入持续不断地接触数字世界的时代，在这个时代，移动设备使得我们能够从早晨醒来之后到晚上睡觉之前的这段时间里，一直和朋友、同事保持在线联系，只有我们进行人与人之间的交流沟通、身体运动、旅行或者从事其他个人的活动时，才不得不暂时中断这种在线联系（有时即便在那种情况也不会中断）。

我们期望能够通过移动手机与信息、人建立连接，这些期望正在逐步扩展到我们使用的其他产品上。如今的手机，正将我们与生活中的一切事情联系起来，我们的汽车、住宅，以及我们使用的所有产品。比如，我们可以通过手机查看电动汽车的充电状态，访问家庭安防系统，或者使用安装在跑鞋中的传感器来追踪我们跑多远和跑多快。每一家公司在设计产品和服务时，必须检查有没有机会嵌入传感器、计算设备，实现无线上网，实现持续的数字化接触，并且观察能不能改变我们对产品和服务的体验，等等。

处于持续数字化接触的状态，意味着和朋友、同事的沟通、访问信息、访问各种流程和系统，已经延伸到我们日常工作和生活的各个角落。社会化技术为我们提供了和人们接触的网络，但移动技术使得我们在任何时间、任何地点都可以实现数字化接触。

智能手机的遥控功能，可以满足很多需要，包括员工之间的沟通，查看交通状况，以便不会因为堵车而迟到。还记得过去当你在事先安排出行路线的时候，仔细研究你可能会走高速公路还是借助公共交通来抵达目的地吗？如今，你甚至不需要知道你必须按时抵达的地方究竟是哪，搜索网络，输入你想要前往的公司或者它附近的地标建筑，云技术将把抵达目的地的最佳路线、当前的路况信息、公交线路和时间安排等信息，发送到你的手持设备上。

访问附近餐馆的信息、寻找最近的加油站……这些任务中的每一项，都因为使用移动设备而变得更容易，因为它可以将人们与互联网相连接，要么通过网络浏览器，要么通过应用程序，这些应用程序使搜索和信息的运用变得更为简单。

也许你正在和同事讨论些什么，你们的讨论要依靠不在房间里的第三位同事提供数据或者答案。如今，即使这个同事不在现场，你们也不用因此而停止讨论了。只需在你的智能手机上轻轻点击几下，你要的关键信息就发送过来了。或者，如果问题是针对某个不在房间里、不在办公大楼里，甚至出了国境的某位同事，在讨论过程中，你也可以马上发一条消息到那个人的手持设备中，很快便能收到答案，使你们的讨论能够继续下去，不必再等到他能打电话、能发电子邮件或者回到办公室的时候。

对于产能而言，移动技术几乎与社会化技术同样关键——降低了协调与合作的成本，缩减了周期，既增加了可以回答某个问题的人们的数量（社会化），也增大了某个正确的人能回答某个问题的可能性（移动性）。社会化和移动性携起手来，粉碎了制约产能的壁垒，促进了同级沟通，推倒了等级分明的组织结构的高墙。这些阻碍沟通的高墙，是在连接性很差的时候，公司为了有效地管理和控制员工之间的沟通而树立起来的。

我们刚刚才开始理解，借助始终在线的、始终连接的设备来接入云，结合各种强大的信息服务，将怎样对我们的生活与工作方式产生深刻的影响。我们刚刚摆脱束缚，还只有几年的时间。虽然我们从十多年前开始，已经可以在自己的办公桌上访问大量信息，但只是在最近五年，这些信息才开始装入我们的口袋，作为我们记忆力、知识，以及理解复杂环境的能力的即时延伸，供我们随时使用。摆脱束缚，意味着在工作与生活的每一个层面，我们能便捷地和信息与人连接。摆脱束缚，改变了我们的工作方式、工作地点、工作时间，甚至工作本身。

下面是一些借助移动技术、工作被重新定义的例子：

● 航空公司的员工不用再盯守着登机柜台，而是能够通过连接的移动设备，在机场的任何地点解决任何旅客的问题。

● 制造业的员工能够拍下某种危险情况或者某个可能的生产缺陷的照片，并将该照片即时传输给监管评审小组的成员，后者可以在他们的移动设备上即时接收照片，并且在线讨论该采取怎样的行动。

● 一个提供快捷服务的餐馆，员工制作食物，并把它们送到顾客桌上，但他们不再接受顾客点菜了，顾客也不用排队等候，因为所有的点菜任务，都通过智能手机来完成。

● 零售店不再需要收银员，顾客排长队的现象也会消失，因为每一位员工都有一台可以处理顾客订单并接受顾客支付的移动设备，那样一来，员工可以在顾客购买的时候主动走向他们，而不是让顾客买好后走向收银台。

● 建筑工人可以在移动设备上查看施工计划，以便准确地观察哪个特定的部位应当如何来施工。运用移动设备，甚至可以对照建筑计划追踪观察施工流程，并且在可能出错的时候实时标注。

这些情形中的任何一种，都已经在世界的某个地方变成现实。如果你没有考虑过工作任务将会发生怎样的改变，那么，你已经落伍了。

## 重新定义的现实：被数据覆盖的世界

现在，你可以购买一个很棒的应用程序，它让你能"看着"一个西班牙语的指示牌，自动地用英文来重写。这不仅仅是将指示牌上的西班牙语翻译成英文，而且那个指示牌本身，通过智能手机的摄像头观看之后，实现了重写。如果它在西班牙语中是一个黄色的标志，上面的文字是黑色的Helvetica字体，那么，在你的手机屏幕上，你看到的还是黄色的标志，黑色的Helvetica字体，只不过换成了英文。这种从我们的现场环境中获取信息的能力，加上它与世界其他地方电脑中的智能结合起来，创造了全新的合成的现实世界，这将改变我们与身边的人们、地点和周围事物的一切互动的方式。

在前面的例子中提到的建筑工人，可能通过一个移动设备来观察他的建筑，并且清楚地看到，建筑物的下一个部件应当怎样组建；航空公司的员工可以通过飞机上或行李车的移动设备来观察，看到关于某个特定航班或某些行李寄送的目的地的有关信息；工程师可以通过嵌入的无线传感器来观察某座桥梁，当汽车经过桥梁时，实时地观察桥的不同部位所承受压力的情况。

重要的是意识到，移动性不只是改变了我们与别人连接的方式，使用互联网上信息的方式，而且，它还将改变我们与现实世界中所有事物连接的方式以及那些事物相互连接的方式，改变着我们如何看与听周围一切的方式。

## 访问影像记忆

便携式相机改变了我们与周边环境以及人们相互之间互动的方式。一个二十出头的年轻人曾用这种新技术做了一个实验，他戴着一个连接到无线数据设备的视频摄像头，他生活中的每一秒，他和别人的每一次交谈，以及他到过的每一个地方，都永久地被录制了下来，而且，只要他愿意，他可以随时搜索并观看那些视频。那个人对我说过什么？这场争论是怎样进行的？我把汽车停在哪里了？通过永久且完整地录制我们的生活，可以弥补自己对某个事件的记忆出错。

除了这种技术改变了我们个人的记忆之外，把相机安装到巡逻警车上，或者直接由警察或士兵携带，可以为我们创造一个更安全的世界。当警察知道自己所做的每一件事都会被录制下来并且被别人看到的话，他的行为就会改变，滥用权力的可能性大大降低。

在20世纪90年代的美国，越来越多的人提起诉讼，控告州政府和高速公路巡逻警官根据人种的不同而随意进行停车检查，于是，警察部门部署了车内摄像系统，以便不偏不倚地记录每一个事实。2002年，有人对这些系统的影响进行了研究。在研究中，警官报告说，他们广泛运用这些录像作为一种自我批评的手段。除此之外，警官还说，当他们在停车检查的时候告诉司机们，此次检查将被全程录像的时候，有助于平息人们的反抗敌对情绪。

录制下来的记忆，是绝佳的仲裁者。只要让人们知道某次互动将被全程录像，便可以将一次私下里的互动变成公开的接触，并且显著地改变参与者的行为。如果他们觉得，他们的行为或言语，日后能够用貌似合理的理由拒绝承认，那么，他们可以做很多坏事、搬出很多理由来抵赖。但一旦所有的行为和语言被录像，虽然录制的内容也可以修改，但知道自己的行为将被全程录像，可以改进我们的互动。

录制的记忆，让你可以尽可能地采用客观的视角，从而改进人与人之间的工作关系和个人关系。你的记忆实际上增加了一个维度。人们也许做不到纯粹的客观，但是，保存一些记忆供日后存取，一定能为你的主观性增加新的视角。想想很久以前你自己的一些照片吧。拍完照片后，你肯定对它有某种特定的评价。20年过后，你或许有了完全不同的评价。请一个40岁的人去看一张他20岁时的照片。即使20岁时他不喜欢那张照片，但很可能在40岁的时候他会给出积极的第一反应："瞧，我那时候多年轻啊！"

时间的视角，也就是说，随着时间的推移和不断积累的生活经验而赋予你的智慧，能为你的思想和决策增加丰富的内涵。但并不是说你得记录下你的情景式记忆，才能很好地思考，但它的确赋予了真实性：保存的、共享的记忆，在很多层面上都有其价值，没有理由去抗拒它。

## 人形机器

记忆、知识的获取、数据的视觉化、决策的制定、将社交与商业的纽带联系起来等，所有这些我们用大脑来从事的工作，如今都可以用移动设备来调节和延伸。20世纪60年代，人形机器这个单词（cyborg）出现了，是由控制论（cybernetics，一个20世纪40年代出现的词汇，描述通信系统的科学）和有机体（organism）这两个词组合而成。于是，人形机器被定义为："一个虚构的或者假设的人，由于其体内植入了一些机械的元素，使其身体能力超出正常人的局限。"

但是，拓展我们的身体能力，不再只是虚构的或假设的事情了。充分利用移动设备组成的信息系统，我们可以拓展我们躯体的能力。现在，我们正进入这样一个时代：没有移动设备（或者说，公司没能为员工提供那样的设备）的公司，与拥有并且使用移动设备的公司相比，处在明显的竞争劣势。

移动设备同时是传感器和门户网站，让我们既能检测周边环境的情况，又能访问全球的信息及连接世界各地的人们，以便弄懂我们听到的和看到的东西。这将怎样影响你的公司，取决于你用这些能力来做什么。你赋予客户一些怎样的能力，让他们能够更加容易地和你的公司互动？你将怎样用实时的信息和分析工具来支持你的员工？

# 第 4 章　让自己接入云

社交网络正在以极快的速度发展，人人都在传播，而且是移动的，配备了具有遥控功能的智能手机，担任着他们自己个人品牌的CEO，并且是在线推广他们的个人品牌。这标志着我们已经集体地接入了21世纪全新数字化的职业场所——云。

云这个名字，本身暗示着飘逸和开放的状态，而云技术的确将我们的生活、人际关系、人与人之间的合作，带到了一个新的水平。但是，云究竟是什么？

正如电网那样，标准化降低了成本，增强了可及性，并且复杂性消失了，使我们能够像插入一个插头那样，非常容易地接入到计算机之中。

## 四种关键技术

四种关键技术正在被标准化，它们是：服务器、网络、数据存储和软件。公司正逐步建立数据中心，其方式与其他任何一家公司完全相同，包括那些致力于提供互联网服务的公司。在数据中心的设计方面，一种主导的设计已然呈现。

至于服务器，正是x86体系结构的获胜，使得其他各种服务器被淘汰。在以前的数据中心，一度堆满了各种不同形状和颜色的零件，如今，数据中心是装满了完全可互换的零部件的机架。

在TCP/IP方面，也就是互联网的协议，网络已经实现了标准化。对某些人来说，难以想象的是还存在别的协议。令牌环？DECnet？这本书的大多数读者，一定得在搜索引擎上仔细查看，才能知道它们以前也曾是重要的网络标准。

在固态器件上的智能存储，存储能力日益增强，而且其增长步伐，与我们如今正在创造的大量数据增长的步伐一样迅速。虽然没有涡流盘和其他移动部件，但那些存储设备也可靠，而且可以组织起来，以便在靠近使用数据的地方放置数据。

最后，在软件中，针对应用程序的、使用应用编程接口（API）的以服务为导向的结构，已经创造了一种标准的方法，来建立可以由任何设备访问的松散耦合应用程序。

因此，我们可以再进一步，不仅仅是加入一个社交网络。掏出你新买的智能手机，创建你个人的云。注册加入某种新的云服务。要想最好地理解云，最好的方法就是亲身加入。

从企业领导者的角度来看，关于云计算的核心定义，当你注册个人的云之时，记住这个简单而又极为引人注目的场景：**将你和任何事物以及任何人连接起来的异地的基础设施。**

云工作的方式是：与你业务相关联的所有数据和应用，都可以通过公共的网络来访问。这就好比电那样：你不知道网络设置在什么地方，也不知道网络由什么设备组成，而且，你不用关心这些。你不用为网络的硬件出钱，不用担心任何事情。

现在，还可以从营销人员的视角来综合云的定义：**它是一种基础设施，通过它，可以与客户发展密切的关系。**加入了社交网络，你便能对此很清楚。当你在社交网络里时，数字化的自我所处的位置就在云端。当我们置身于云端时，云收集有关我们所做的和所说的一切东西的数据。从云计算的角度来说，关键在于重申那不可分割的三位一体：社会移动云。

我们在基础设施虚拟化方面，仍然还处在初期阶段。那意味着，公司未来能通过云实现什么，将远远超出目前基础设施所提供的。基础设施将以前所未有的速度快速发展。

知道如何把云当作你的产品或服务的延伸，是欢迎数字化转型的关键，也是使你的公司更具竞争力的关键。

智能手机上的一个app，可以让你看着手机屏，用摄像头瞄准西班牙语的指示牌，马上就看到已翻译成英文的同一块指示牌。这将改变我们对世界的体验。在处理这种语言的翻译时，云已经得到了充分利用，而手机使我们更容易使用这种计算功能，并且将它付诸实践。

在线翻译也在为口语做着同样的事。录下某人所说的法语（或者其他十几种语言），用一个适当的app，书面的文字翻译马上就会出现在你的智能手机屏幕上。或者，按下一个按键，可以让智能手机把这个短语用你自己的语言读给你听。这些app可以发挥作用，因为它们能够连接到云，而那里正是翻译实现的真实地点。

云计算与移动设备的结合，可以改变现实（或者，至少可以改变我们对现实的感知方式）。

## 云技术对商业的巨大好处

云的一项重大好处是更加密切地与业务伙伴合作，并且做出更优良的决策。再次，这又涉及连接，而云就是使连接得以实现的地方。

通常情况下，能否在供应链中做出理想的决策，取决于能不能访问到实时的信息。迄今为止，在较大型的组织中，即使是那些拥有BI前端，而且应用了价值数百万美元的数据分析与挖掘软件的组织，有关业务流程的实时信息也难以获得，部分是因为输入并非一直可以使用，部分是因为它缺少人的要素。

在2010年一年的时间里，在线存储的数据，比互联网诞生以来存储的所有数据都多。消费者正以一种创纪录的速度来填写有关他们自己信息的数据库。运用适当的数据挖掘策略，你可以找到你想知道的任何东西。在技术界面方面，仪表盘是至关重要的，因为你需要的不只是信息，还需要一种可以查看信息的方式。仪表盘这个术语，正如它听起来的那样：你可以通过你的屏幕实时地观察和监测你的企业。

在观察数据挖掘工具时，要记住的一条贴士是：如果你不把"分析"这个条件附加在仪表盘这个术语之上，那么，你的解决方案，只不是过一组组漂亮的图片而已。另外，如果数据不是实时的，你也不用为之而费心了。

我会在第15章和第16章中讲述一些以实时的数据进行决策的例子，并且阐述系统思考的重要性。还有一些以数据为依据进行决策的宝贵例子，在社会移动云的领域，如果你能更加迅速地获得信息，便能获得更大的效益。想一想我以前曾描述过的"意外发现"的概念：在正确的时间、正确的地点，并且充分利用自然出现的即时趋势。

你需要一个实时的仪表盘来充分利用"意外发现"。例如，在社交网络上，人们会突然之间谈论由于暴风雨来袭而导致航班取消，得马上制订替代的出行计划。如果你负责推销旅店住宿、其他的交通方式，或者是推销汽车租赁业务等，便可以抓住眼前这个机会，马上向客户提供人们需要的、极受欢迎的市场折扣，推出特价房或

者整套旅行服务。这样一来，你便能吸引到以别的方式无法引来的
客户。

## 云技术的缺陷

云在很多的方面都具有强大的吸引力，但是，如果你没有了解
它的缺陷，便不可能适当地制订策略。然而，有些缺陷同样也具有
商机，给人以鼓舞。

最大的缺陷，在于当你的数据放置在云中时，只能在网络能够
连接上去的时候工作，也就是说，必须具备高速且始终在线的网络
连接。好比电网那样，如果没有电，灯泡不可能亮起来。因此，这
在你的企业中制造了一种新的依赖性。也就是说，在当今企业的很
多种工作中，连接高速互联网，已是一个必然要求。

很多拥有网络的公司，已解决了这个问题。你可以把存放数据
的服务器放置在遥远的办公室内，以便员工即使在网速缓慢或者网
络连接时断时续的情况下，也能继续工作——正如当电力无法使用
或者不可靠时，用电池来储存电能那样。

社会移动云的这个术语，已经成为一个密不可分的概念，从这
个方面看，它涵盖了所有方面，包括数据备份。移动设备、平板设备，
以及最终你所有的访问设备，都只是进入云的窗口而已。当你没有
连接互联网时，你可能需要实现同步，并取走关键的数据，但大多
数时候，仍需要依靠无所不在的互联网连接。不过，当你在没有接

入互联网的间歇期内，比如乘坐一架无法连接互联网的飞机，你可以决定带走哪些数据，比如与工作相关的数据，不要试图带走所有数据，而只是带走急需的数据。

在小企业主当中，云计算与移动计算的出现是紧密相连的。小企业主和员工都必须头脑敏捷，其工作时间比大型公司更灵活，不仅得在工作的时候能访问数据，在家的时候也要能访问。同时，无论白天还是晚上，任何时候都能连续不断地传输数据。

不过，目前整个劳动力队伍越来越像小企业主和员工那样，这是由于市场的特性以及我称为"分散化"（fractalization）的趋势所致。我会在第9章更加深入地探讨员工与老板的关系转变的问题。但首先，重要的是理解企业与移动技术的关系，严格地讲，这是你做生意的新工具。

想想某位跟潜在客户共进午餐的销售员。潜在客户提了一个问题，对销售员的产品或服务提出了反对意见。在云技术问世前的那些日子里，销售员可能被迫匆匆地记下那个问题，并且对潜在客户说，"我会回头再跟你解释"，这样，等销售员与潜在客户再联系时，又多了三天的互相给对方电话留言的时间。到最后，他在销售的流程中多花费了一个星期的时间。

但现在，如果销售员的智能手机上安装了一个实时聊天的app，那他可以立即回答潜在客户的问题，使销售流程依然继续往下走。如果在交谈过程中你的回答十分得当，那就可以让客户兴奋起来，想一想游戏化的理念。这对你来说，不只是一场销售游戏。当销售员和客户都享受这种做成生意的游戏时，那就可以更快地做成生意。有时候，客户一定会在做生意的时候拖延，因为他们已经习惯这样了。但是，协作的社交网络app，可以把陈旧的习惯推向一边，使销售员即使是在短短的共进午餐的时分，也能做成生意。

## 将自己接入云

云的强大能力，将改变你的工作方式，也改变你公司的运营方式。如果你的公司规模大到拥有自己的数据中心，你可以选择改组你的实体系统的架构，以便看起来像公共的云提供商那样。如果你是一个小企业主，可以放弃拥有自己系统的想法，完全地依赖于公共的云。IT部门如果想通过更节约成本的方式运营信息系统，不会给企业带来竞争优势，只会让企业停滞不前。相反，当你采用公共的云服务时，创新与更大的竞争优势将随之而来。

现在，是时候重新审视IT部门和首席信息官的角色了，要意识到，对于所有的商业流程来说，信息技术正变得日益关键，而云就是发生这种变化的地方。

Business Models
for the SOCIAL MOBILE
CLOUD
Part 2

第二部分

# 社会移动云将如何
# 变革商业

HOW
BUSINESS WILL
BE CHANGED BY
THE SOCIAL MOBILE CLOUD

# 第 5 章　ADAPT模式

## 适应变革

在本书的前面几章里，我多次提到过，我们要学会适应变革。在概括社会移动云这些颠覆性技术的时候，我稍稍介绍了一下迫使变革得以发生的因素。然而，在这些因素中，技术只占到当前趋势的20%，其余的部分涉及人和人的行为，还有组织及其流程。为了在高科技带给我们的新世界里谋求生存和发展，我们需要学会ADAPT模式——既是对个人而言，也是对组织而言。

## 技术变革

纵观整个历史，技术给我们的生活和工作方式带来了变革，并且要求我们适应这些变革。在大部分的文明史中，有时候一件具有里程碑意义的事件加速了这种变革的进程，正如地质学家所谓的"灾难性变化"或者在进化生物学中所谓的"间断平衡"。在整个文明史中，很多这种间断的时刻，都是技术变革造成的。

印刷机的发明，就是那样一种变革。它使得人们告别了手工复制文本的繁重工作任务，也使得人们能够更加平等地获得信息，并且对教堂和政府来说，都产生了意想不到的结果。在这一变革问世之前，攻城武器的迅速发展，也改变了战争乃至建筑史（城堡消失了，很大程度上是由于要以更可靠的防御来应对入侵者）。在任何时候，历史都充满了这些变革，而且，它们对社会以及社会传统产生了巨大而深远的影响。

但在20世纪，技术变革的步伐加快，再也不只是国王或者教皇必须努力理解这些变革背后的深刻内涵并调整政策和策略了。如今，我们每一个人，都得学会如何适应变革，而这种新的状态，要求我们适应变革的时候，必须考虑到变革是连续不断的。我们必须乐于采用一种新的思维方式来思考变革，思考我们怎样改变自己以及我们的组织，以便在这些变革发生的时候谋得繁荣发展。

最起码，我们要理解如何应对各种变革。所谓的ADAPT模式，是一个由五个环节构成的流程，借助这个流程，我们可以理解新的技术，而且保证这些技术被个人和公司所吸收。这个过程本身是一种游戏，它有一个目标，每次都面临一些挑战，而那些能够坚持下去并做出明智决策的人，最后将获得回报。全球经济以及信息技术，稳步地加快了最卓越的公司经历这些环节的步伐，因此，对你来说，理解和吸收这些创新是必要的。这五个环节是：

1. **知道**。当你和你的组织开始知晓一种新的技术，并且了解其潜力有可能改变你的生活或工作方式时，便是第一步。比如，在20世纪90年代初，整个商界开始注意到这种称为"互联网"的新技术。然而，由于我们难以确定某种特定的变革到底是真实的（将产生持续的影响）还是只是一时风行的潮流（我们在职业生涯中已经见证了很多这种流行一段时间过后便销声匿迹的潮流），因此，最初的反应往往是：

2. **拒绝**。组织有一种拒绝变革的自然而然的倾向，有时候称其为组织的"抗体"。20世纪90年代中期，很多理性的、经验丰富的人士认为，互联网是一阵一时流行的狂热。变革刚刚出现，测试个人和组织是否能适应变革，要看他们能否迅速放下拒绝的态度转而继续向前前进。

3. **接受**。展示真正的适应能力的第一步，是乐于接受变革。理解这种变革、评估其重要性和内涵，可能还是以后的事情。不过，最初的否定和拒绝，现在必须暂时放在一边，以便能探索和理解变革所带来的新技术。起初，这可能仅限于重新思考现有的流程，并且简单地通过运用新工具来改造它们。比如，在互联网刚刚兴起的日子里，通常对零售商而言，在网上亮相的第一步是把它们的产品目录放到网上去。这只是带来了小小的优势（不再需要印制精美的产品目录交给客户），但是，如果没有重新彻底地思考流程，这样做的优势依然有限。接下来，测试你是否具有适应能力，要求你：

**4. 进步**。新技术为组织带来了新能力，而对现有流程进行的改造，创造了累积的效益。我们应当意识到，由于这些新能力的存在，我们可以取得一些不同的成果。互联网零售商可以提供一项用户发表评论的功能，这一功能在以前使用纸质目录的情况下，根本不可能做到。但是，如果某些公司对这一新功能的发现与采用太慢，那消费者就会在别的地方发表评价。随着时间的推移，当一个客户在考虑购买商品时，这些已有的评价成为很好的开端。而那些没能提供这项功能的零售商，失去了一批潜在客户。继续沿着适应变革道路走下去的那些公司，已经做好了进入下一个环节的准备。下一个环节是：

**5. 转型**。对照新技术的背景来重新思考商业流程，另外各种可能性呈现爆炸式的发展，导致全新的产品、服务或工作方式不断涌现。在最后这个环节上，人们意识到，技术提供了一个新的背景，在该背景之下，要考虑组织面临的挑战，使之前一直不可能实现的工作方式成为可能。比如，对零售商而言，客户能够通过网站完全地定制产品，这使得那些随需定制的全新制造业务蓬勃发展起来，这些业务有了更大的边际利润，而且拥有了一批忠诚的客户，胜过传统的、毫无差别化的产品。

ADAPT过程，不只局限于商业，你还可以在生活中以及整个社

会的其他各种组织中找到这方面的例子：教育机构、政府部门、慈
善组织等。

## 当代变革的核心：降低交易成本

在第一部分我们描述的所有技术中，有哪些是共同的？它们改
变了交易的成本。在社会移动云中，每一种技术都降低了沟通与协
调的成本——这是商业成本中两个最大的组成部分。我们在开展业
务过程中所做的一切，都由交易成本来掌控。创新、生产、销售和
营销、配送、交易、消费、支持，每一个过程都要求我们相互之间
互动、沟通，以便圆满完成工作任务。我们必须十分谨慎地组织这
些互动和沟通，限制十分昂贵的沟通。但如今，环境已经改变，过
去很昂贵的，如今已变得便宜。

在学习ADAPT的过程中，第一课是培养提出正确问题的技能。
当交易成本普遍降低，当员工不再受到约束时，当你公司内外部的
人们在共同解决问题时，是时候重新思考流程的问题了。如果适应
成功的话，适应变革最终导致转型阶段。在本书的第二部分，我将
考察一系列的方法，我们要借助这些方法来在社会移动云的世界中
重新思考我们的商业流程。

除了学会提出正确问题，我们还需要哪些技能来适应？首先
从好奇心、开放性、不耻下问、乐于犯错开始。从失败中学习，而
不是害怕失败。持续地乐意学习，是一种实验研究的优秀素质。问

问自己：目前，哪些方面阻碍了你学习和进步？你不打算对某物进行实验以便可以从中学习？你是不是拥有一台智能手机？你有没有加入某个社交网络？你是否在做一些简单的事来进行试验？如果没有，你怎么能够去做那些难度更大的事情呢？

在第6章、第7章和第8章，我将探讨商业环境在怎样改变，以及在个人与职业的层面上将如何受到这些改变的挑战。**第一项改变，是消费者行为方式的改变**，也就是说，社会移动云三种技术的结合，创造了一种持续数据接触的新状态，它改变了消费者对产品和服务的期望，消费者希望公司反应敏捷、诚实守信、公开透明，期望信息能够随时随地获得。而且，当做好了购买的准备时，希望不会有任何摩擦，且无须费大力气就能购买。

**第二项改变，技术如何越来越多地嵌入到我们购买的产品以及服务之中，也就是讲，改变（并且改善）我们的购物体验**。如今，各公司对它们出售的任何产品和服务都附加一些相关的信息服务。跑鞋、家庭安防系统、电动汽车这三个例子，展示了智能手机在收集和分析数据以及控制物体等方面已经变成远程控制设备。公司必须再次思考其价值主张与商业模式，因为"软件正在吞噬整个世界"。

最后我将探讨，降低了沟通与合作的成本，将怎样从根本上改变我们的决策、产品研发和解决其他问题的方式。社群激荡、众包、协作以及共同创造，代表着组织员工的新方式，它们突破了组织的高墙，并且与业务伙伴联系起来，甚至让客户、潜在客户成为问题解决过程中的一部分。

# 第6章 持续数字化接触

## 新型数字消费者

最近一个周六上午，我坐在一家咖啡馆里，听着一曲绝美的歌曲，不过我不清楚是哪个乐队演唱的。我问了咖啡馆的员工，他们告诉了我那个乐队的名称。于是，我还没喝完那杯拿铁咖啡，便买下了乐队的这张专辑，并且将它下载到我的智能手机里。当天晚些时候，我在一份国家级的报纸上阅读了一篇文章（当然是在线阅读），并且在社交网络上提到了这篇文章。在短短五分钟之内，我就收到了两个好友的回复，一个来自旧金山湾区，一个来自芬兰。

或许你也曾有过类似的经历。通过你的手机一直保持互联网连接，便能持续地学习，或者即时地购买某些东西。社交网络为你跟朋友和家人联络提供了工具，不论他们离你有多远。这些社交网络，和与互联网连接的智能手机结合起来，定义了一种新的客户环境：持续数字化接触。

20世纪中期，很多思想家预言了这种新状态的出现，不过，他们并没有预料到互联网和智能手机是将这种美好预言变成现实的两种关键技术。在20世纪50年代，人们急于了解当时仍是新鲜事物的电视媒体，在大众媒体出现之前，电视媒体仍是一种很新鲜的体验。当时，有人认为电视将邻里间的谈话带到了当地邮局，继而又延伸至世界每个角落的每个邮局，使人类双向交流方式和群体之间的互动有了全球的观众，并且不再受时间或空间的限制。

但是，电视行业的技术特点其实是单向的大众广播模式，它根本没有传递出邻里间的对话。该广播模式中所缺失的是双向交流的能力，双向交流才是使通过邮局传递的信函的交流走向全世界每一个角落的关键所在。

最后，始于20世纪最后十年的在线服务，以及随后的互联网，开始实现了全世界人民同处一个社区的愿景。在过去的25年里，我们拥有了双向的大众交流媒体，其发展速度前所未有得快，覆盖范围前所未有得广，如今已经压倒并替代了广播，成为我们理解身边世界并且参与和周围环境互动的一种方式。在年青一代之中，这种变革已经发生，而且互联网的移动能力日趋增强，成为他们休闲生活中的主要部分。他们不仅在消费媒体的内容，而且也在和人们接触和互动，就好比村庄的邮局已经走向全世界那样。

一种新的消费者已经呈现，他们持续在线、经常连接上网、随时与周边的信息与人们保持连接。**消费者的期望值在不断改变，而且改变的速度越来越快。**他们希望能够轻松访问信息，轻松地了解别人的见解，并且能够即时地与朋友和家人沟通。他们正在将这种持续数字化接触，融入到生活中的每一个方面，尤其是当他们在考虑购买决策的时候。消费者无时无刻不在线上，他们希望提供产品和服务的公司也时时刻刻在线，要求它们反应敏捷，和他们积极互动，而且值得他们信赖。

有些公司关注着这些新消费者，并且努力思考自身是不是能够在在线的网络空间中发挥作用。究竟消费者是想听到这些公司的声音，还是只想听到其他消费者的声音？

但事实是，虽然消费者主要是相互之间交谈，并不意味着公司没有机会参与这些在线互动。相反，**针对消费者持续数字化接触的状态，公司需要为消费者创造和保持社会化、移动的体验，**这需要各公司熟练地进行数字产品的研发和社交技术的发展，并且在过去原本各自为政的团队之间营造合作的氛围，推动合作。虽然完全的转型涉及大量的投入，但在这里，我将重点介绍公司可以转变策略的几个领域。

## 客户服务变为全新的营销

对那些思考应当怎样和消费者接触的公司来说，最起码要关注的是，客户服务如何成为营销策略的一部分。首先要关注的群体，是那些由于公司恶劣的客户服务，已经放弃了交易或者没有打算购买的消费者——在这个群体中，大部分人会为了追求更优良的客户服务试着购买新的品牌和服务。客户期望的改变，部分是由互联网带来的。期望改变之后，客户对在线的客户服务要求越来越高，并且希望他们的诉求能在24小时之内获得回复。如今，如果参与社交网络互动的公司及品牌忽略了客户的诉求，客户会马上向别人发出抱怨。

通过与消费者的在线互动，一个公司是解决他们的问题，还是只是回答他们的问题，可以看出该公司对客户服务愿意承担怎样的责任，潜在消费者将以此对公司产品或服务的质量做出自己的推断。将社交网络与客户服务已有的工作流程结合起来，是解决方案的一部分，但在公开的平台上直接与消费者互动的一系列技能，与平常一对一客户服务的流程有所不同，需要进行另外的培训。此外，与一般客户服务所处理的问题相比，这种形式的客户服务出现的问题将更多。**将客户服务与其他部门联系起来，比如沟通、营销、销售甚至产品研发团队，是创造成功的在线客户支持的关键所在。**

## 为消费者创造移动—社会化体验

如今，消费者通过手中设备可以连接移动互联网，意味着对于某一特定的交易，买家掌握的信息通常比卖家更多。这是市场信息不同步的一个重大逆转。在整个大众市场的历史之中，市场信息的不同步一直以来是常态。不管怎样，商家和制造商可以创造新的方法，参与到消费者在店内的时刻，通过设计应用程序帮助消费者进行探索，公司可以收集消费者的兴趣点与顾虑的地方，并且对消费者如何看待公司的竞争对手有所了解。

在过去的一年里，在零售店内应用移动技术的现象已经越来越普遍，而且，这种现象在2013年呈现爆炸式的增长。网购者越来越多地使用手机来访问零售网站，甚至在实体店购物时，他们也使用手机来对比价格。产品的评价、价格的对比，以及朋友的推荐，都在对实时购买决策产生影响。

信息在流动，消费者在社交网络广泛传播他们在商店内的体验，放大了好的或差的体验，影响了未来的到访者。

公司需要通过移动体验来完善购物体验，以及如何在价格透明的时代提出让人无法抗拒的主张。首先要做的三项工作是：让你自己的在线体验移动化、在你的商店构建移动化体验、让顾客能进一步深入研究。

首先，假设购物者正在竞争对手的商店里逛，或者看着一件跟你的产品形成竞争的产品。在这种情况下，你的网站能不能让最普通的智能手机完整地访问，以便这位购物者可以进行一番对比？你有没有让消费者轻易地了解到，你的产品与竞争对手相比有哪些优点？

在你提供店内产品信息时，这些信息是不是能从移动设备上随时访问？一位潜在的顾客，能不能进一步深入研究，看到其他购买者的评价或推荐？尽可能多地提供信息，即使它们并不全都是正面的，同时，让潜在客户能够不太费力地在移动设备上找到你公司的网站，你会发现，客户正在仔细查看竞争对手的网站，并且一边查看一边对比。

在某些情况下，店内体验可能包括下订单、支付、提供反馈、参与忠诚客户计划，等等。你可以考虑在创造移动体验时，包含哪些方面。

最后，想一想移动体验能够怎样有助于将你的客户和他人联系起来。社会化的购物可以将一群潜在客户与你的商店联系起来。展示出消费者的偏好等信息，可以引导其他人的购买决定。创造移动—社会化的体验，将对你的品牌、产品、服务有重要意义。

## 对消费者公开透明

不仅仅在电子设备商店或者汽车经销商领域，新的消费者展示出自身力量，逐渐改变市场动态，在医疗保健行业的网络患者运动中（e-patient movement），消费者也在强烈呼吁更大的透明度和由患者掌控更多信息；政府与组织也正在做出更大的努力，提供有关它们管制行业的各个方面以及关于它们自身运作的更多数据；非营利组织正发布有关它们筹资情况和支出情况的大量数据；公司也同样从消费者那里看到日益提高的期望和要求，消费者希望公司的业务实践、产品内容、定价标准、服务和支持策略，以及和其业务有关的所有其他信息，都公开透明地向他们公布。

2012年，人们以消费者、市民和社区成员的身份访问了有关公司、产品、政府和附近地区的信息，这是前所未有的事情。这也许让一些组织感到不适应，特别是当已经确定下来的商业实践可能与这些客户的新期望不相符的时候。但是，那些信息带来的种种商机，让组织有动力去调整自身，适应新的环境。

对很多公司甚至某些个人而言，将难以做到持续数字化接触的状态。长久以来，我们一直把客户服务视为产生成本的中心，而把它改造成一个市场拓展的部门，对于客户服务和营销人员来说，都是一种挑战。重新设计我们零售业的环境，以支持数字化接触，将是一个实验与发展的过程，尽管最终一定会取得成功，但必定会碰到一些无路可走的死胡同，遭遇无比惨痛的失败。要正确地做好这些事情，既令人不舒服，推进又很艰难，同时还要耗费大量的时间。但是，你的选择是什么？如果你的竞争对手正在做这些事情，而你的客户也提出了变革的要求，你还能承受得起不适应这种变革的代价吗？

# 第 7 章　数字化

## 产品与服务中的信息不断增值

过去的一个世纪里，当技术在社会的不同层面快速传播时，一个重要的转变慢慢地发生。历史上，技术由政府研发，而且也是为政府服务的（通常是出于军事目的）。在工业时代，有时候技术是从政府的运用中扩散出来，供公司使用，但有时，技术的开发直接用于商业目的。消费者对技术的运用，只有在政府或者企业运用之后才开始。但如今，技术首先是由个人应用而开发的，然后再逐步转向工业或者政府。

这种情形的一个例子是，某家公司为背包旅行者研发了一种产品，该产品有一项简单的功能，那便是：万一旅行者在森林中迷了路，遇到了紧急情况需要救援，可以运用全球定位系统（GPS）网络来

追踪旅行者的位置。这一创新所依靠的技术——GPS网络，原本是
一项军用的基础设施，后经商业化转为民用。而现在，这个便携设
备朝新的方向创新，在危险偏远地带经营的公司发现，它们可以使
用这种连续报告位置的设备追踪它们的员工，消费者个人的一项创
新，将走向行业应用。

## 是什么推动创新

技术由个人应用开发，逐步转向工业或政府，这之所以能发生，
是因为一条简单的经济原理：规模化与信息的力量，推动了创新。
在GPS的例子中，公司可以购买成百上千的追踪设备，但消费者的
市场是以百万为单位的，导致的结果是解决方案的成本急剧下降。
如果消费者的产品好到可以推广至产业应用，那么，公司可以受
益于消费者规模化产生的效率。另外，产品创新的主要助推器是
信息，可以以极低的成本为消费者市场研发产品，其成本与建立
大型研发部门并提供巨额预算相比，要少得多。

**我们从产品中提取出来的信息，其价值正变得越来越重要。**制
造某件产品的成本降低了，可能由于采用了更高效的原材料、设计
与生产流程。然而，当信息成为产品的一部分时，价值转变的速度
就明显改变了。信息既改变了产品的性能，也改变了我们使用产品
的方式。另外，半导体市场萎缩、网络吞吐量增加、无线通信正变
得廉价而容易获得，由于这些变化，产品成了服务，而我们对产品

的喜欢程度，越来越取决于服务的那部分。

如果没有手机作为我们这个世界的遥控器，这种转变不会发生。传感器和无线通信已经进入到我们使用的汽车、住宅和产品当中，如果那些东西没有连接互联网，那它们将没有任何价值。在社会移动云的世界中，处理、存储和通信的能力在日益增强，为每一种产品的数字化提供了价值，同时也提出了要求。

手握一台智能手机，我便是自己世界的主宰，从某种程度上讲，我的世界也是智能的。一台带有无线连接的手提电脑，产生了在我使用的产品、我的汽车、住宅及办公室中增加传感器和无线连接的需要。这导致一系列重大变革的发生，比如我们如何与世界互动，如何看待公司的产品，如何将产品送到顾客手上。

## 无处不在的无线传感器

设想一下为你的跑鞋安装一个传感器，它持续不断地追踪你跑了多远、跑得多快。但它真正神奇的地方在于，当你把那些数据上传到某个网站上时会发生什么。在那里，你可以将最近跑的数字与过去的数据对比，可以和别人对比，与朋友和陌生人比赛或者合作，并且交换有关跑步运动的秘诀。你的跑鞋变成了你进入跑步者社区的通道，并且强化了你作为社区一分子的体验。

或者设想一下，通过智能手机控制你的家庭安防系统，包括控制灯光、家电、温度和门锁，你在家里或公司的时候，可以流畅地观看摄像头拍摄的实时视频。虽然家庭自动化产品已经问世数年，但正是因为能由一部智能手机来控制房屋，并且实现自动化，最终推动了顾客对这些自动化产品的需求。

汽车制造厂商开始通过智能手机提供远程访问，提供有关汽车的信息。关于电动车最初的应用中，有一种应用能帮助你知道是否已经充好电，而不用你走到停车的地方去看。

这种数字化的趋势，不是只限于产品。服务提供商也在想方设法用移动设备甚至无线传感器来改变它们做生意的方式。有些提供快餐服务的餐馆和咖啡店，向顾客提供来自移动设备的自动化服务，使客户能够在抵达餐馆之前预先点菜，并且预先支付。一些传感器出现在零售店里；一些娱乐场所的入口越来越多地受到摄像头的监控，它们不仅能检测到有多少人进来了，而且还可以检测那些进来的人是儿童还是成年人，并且根据其动作的速度，判断在某个特定的队伍中排队可能要耗费多长的等待时间。

领先的公司正在通过将信息系统融入到云环境，重新考虑怎样将产品变成服务，这样，预测性分析或社会化联系，能为公司或者消费者提供巨大的价值。那些公司还在考虑，运用同样的这些技术，怎么能够使服务变得更加丰富、更有价值。迅速地诊断问题、预测性的服务警示，以及对产品研发的启发，只是那些公司已经获得的几种效益，更大的效益还在后头。

## 万能的应用程序

智能手机已经吸引了成千上万的研发人员去研究，手机制造商有效地利用了别人投入的数十亿美元的研发资源，来拓展它们产品的功能。对于它们自己来说，这样做的金融风险为零。关于创新，每一家公司都经历过两个问题：

1. 我们有20个创意，但资金只能支持其中的两个或三个。该怎么选择？

2. 我们所有的创意，全都是由业内人士想出来的。我们怎样跳出这个行业来思考问题？

应用程序使得创新成为可能，也对这两个问题给予强有力的回答。正确地设计激励措施和商业模式，你便能吸引来自各行各业的人们来创造新的客户体验，把你的产品当成平台，这不存在任何财务风险，而且可以让你的公司受益于所有这些创新。

## 软件无处不在

软件的价值在那些信息密集的产业中在不断增加，比如消费电子产品行业。但现在，这一趋势正在影响制鞋厂商、汽车租赁公司、快餐店，严格地讲，它正影响着我们购买和使用的一切。能够将软件嵌入到所有物体之中，并且轻松地将它连接到云端，将改变我们所有的产品和服务。

一个接一个的行业正在通过软件再造。有一些公司败给初创企业，因为它们能够通过利用创新性的软件与社会移动云消除传统壁垒，进入市场。那些深陷工业时代组织结构和流程中的公司，它们很难复制初创企业的这一策略，经验使得它们难以适应新环境。

这三种趋势，**产品中嵌入无线传感器、延伸数据的应用程序接口，以及重组企业运营方式的软件系统**，都将对你和你的企业构成直接的挑战，也强烈地呼吁你重新思考你的价值主张和商业模式。如果你的竞争对手或者某家初创企业明天将引入一种产品，跟你的产品一样好，但它内置了传感器，使客户在运用该产品时产生了完全不一样的体验，那你该做什么？你的那些尚未连接上网的"愚笨的"产品，多长时间后买家会不再感兴趣？要知道，客户会将你的产品与那些能够改善他们生活、娱乐和工作方式的"聪明的"产品相比。如果到那个时候你再来适应，已经太晚了。

# 第8章　社群激荡、众包、协作、共同创造

人们共同来解决问题，本身并不是一件新鲜事，它是文明社会基本的构成要素之一。但是，互联网推动了一种类型的群体合作，使个人能够更容易地走到一起来发现、创造、发展，或者只为了完成任务，甚至一些极其复杂的任务，例如由个人自愿地编辑而形成的百科全书，完成编辑任务的大多数人来自世界各地，很多人互相之间并不认识。

减少了沟通与合作过程中的冲突和摩擦，使得这一全新的行为变为可能——由众人提供百科全书的内容，感兴趣的业余爱好者可能写好了最初的文稿，随后，受过培训的专家（以及其他业余爱好者）可能加入进来，帮助完善内容。

作家弗朗西斯·古亚特（Francis Gouillart）的著作《共同创造

的力量》，详细描述了世界各地的公司怎样通过将利益相关方聚集起来的方式再造它们的业务，以便用全新的方式来发现和解决问题。在2011年《哈佛商业评论》一篇题为《共同创造的体验》的文章中，古亚特解释说，公司必须再造到交互式的、合作的体验之中，客户的体验必须重新设计：

通过设计互动平台来重新设计客户体验。在真实和虚拟的平台中，客户可以与公司和其他利益相关方互动。公司通常可以提供四种类型的互动：通过它的产品、员工、办公地、网站，这四类互动，可以融入到这个平台上。

在思考互动的能力时，也就是说，在公司考虑其员工将怎样互动、他们将怎样与贸易合作伙伴合作，或者最终他们怎样与客户和潜在客户接触时，以下三种根本性的变革必须一并考虑：

## 更多人的参与＝更快更好的决策

你可以让更多人参与进来，从而更迅速地做出更优良的决策。通过集中来自个体员工的信息并且了解他们的共同观点，或者允许员工能在其他人想法的基础上构建创意，可以实现这种广泛的参与。有一家公司促使员工共同合作，来预测下一季度的销售结果，结果，大家的预测比聘请的经济学家的预测更准。通过让更多的人参与到这些过程，公司能提高分析水平与解决方案的质量，从而能实现更好的决策。

## 群体协作 = 更快更好的结果

当你为员工创造了合作的机会时，工作任务便能更迅速、更容易、更高质量地完成。制定适度的激励措施，员工将乐于奉献自己的力量，做出的成绩往往超出预料。有时候我们称为"生成系统"，其目的是设计能够鼓励员工的积极行为、抵制员工的消极行为的互动系统。吸引足够的人参与进来，系统将不断完善，只受参与者的想象力以及平台灵活性的限制。正如百科全书项目显示的那样，你可能不经意间创造了人类有史以来最完整和最宝贵的知识大汇编。

## 扩展互动，将为所有参与者增加价值

互动的每一个时刻，都是延展接触和为所有参与者增加价值的机会。公司的产品、人员、办公地、网站，都可以提供一个平台，强化客户体验，并且将客户与公司的品牌联系起来的，提高他们的忠诚度，使他们更愿意成为你的品牌的宣传者。

更优秀和更迅速的决策，取得更好的成果，与你的客户形成更亲密和更有意义的关系，这些全都取决于你自己，但这要求你不断完善和改进当前的思维过程和商业流程。成为说一不二的权威固然很舒服，独断专权地做出决策令人感觉很好，但是，当你发现有一群并非专家的人做出的决策比你的更好时，那种感觉一定不好。这种决策的理念在于，**随机挑选的一群人能够走到一起来，创造出不**

**是专家却胜似专家的业绩。**

　　千方百计地致力于与客户开展更加深入的接触，听起来既难以做到，又代价昂贵。但当你评估其好处时，你就会愿意很快地去适应这些新环境。对你的公司来说，能够做出更快更好的决策，或者取得更好的成果，价值是什么？你有没有追踪评估客户对你的产品或服务口口相传、互相推荐的价值？你如何追踪观察客户的忠诚度？在接下来的几章，我们将探讨企业的不同部门将怎样支持你适应这些新情况。

# 第9章 组织转型

## 层级结构让步于网络化结构

在沟通和协调成本高昂的时代，我们发展了层级分明的组织，它能使各个部门职责分明地隔离开来。组织规模越大，独立的部门也越多，比如营销、销售、研发、运营、财务等，也可能因区域、范围和国家等分离开来……每一事项的处理，都需要流程和控制，客户服务是一个用来管理与外部各方交流的过程，所谓的外部各方，实际就是从你公司购买产品的人们。采购，是一个管理你怎样从其他公司采购物品的过程。对运营者来说，这种组织结构和流程，受益于两种价值模式——资历深浅、对信息的控制。

## 资历深浅、对信息的控制

层级分明的组织通过"囤积"信息而获得的价值，将让步于网络化组织通过保持连接而获得的价值。寻找信息的人将围在这些信息"囤积者"身边，并想出其他办法来获得他们要寻找的数据或知识。帮别人牵线搭桥寻找信息的那些人，将在这种网络化的信息模型中大展身手。对于信息流动停滞或缓慢的组织而言，一个网络节点能使信息流动和人际联系变得流畅，因而具有更大的价值。处在网络节点上的那个人，很大程度上也是通过他信息和联系得以流转。

随着时间的推移，随着组织从层级结构发展为网络化结构，**资历的深浅将不如各种关系那么重要**。你拥有的关系越多，并且更经常地运用那些关系来帮助别人，那你也就越发显得重要。因此，在一个成功的社会化企业中，员工最重要的品质是渴望与别人分享信息，这与旧有的层级分明的组织完全相对，原来激励措施与囤积信息是相互对应的。

在新型组织中，权力以及价值来自分享。你分享得越多，人们就越有可能把你视为网络中的一种资源。让自己成为一个坚强有力的网络节点，是在社会化企业中取得成功的秘诀，因为你的关系越是强大，获得的信息也会越多，到最后，你也会变得睿智。而那些睿智的人，以及那些能够获得最多信息的人，也能做出最佳决策。因此，和身边的人分享一切，别人也会和你分享一切。跟身边的每一个人联系，别人也会和你联系。成为你身边的人中间最耀眼的那一颗"星星"，你将会为你自己和你的组织创造最大的价值。

**这种向网络化组织的转型，能够直接感受到影响的第一个领域，是公司最贴近客户的部门——市场营销、销售以及服务。**由于社会移动云技术的主要影响是降低了沟通成本，因此，能够直接感受到那种影响的领域，是以传播为主要任务的部门，这是合理的。几乎每一个市场营销组织，都或多或少地从原来对传统媒体的关注转而重点关注数字媒体，从20世纪对购买的关注转而关注如何与客户建立联系。

虽然我们对这三种新技术最初的体验，是作为消费者和市民而体验的，但我们会越来越多地将这些工具带入到商业环境之中。在工作当中，我们有新的期待，比如公司能提供什么，以便让我们将工作完成得更好，我们期待与同事更加密切地合作，要求管理层在信息和决策方面更加公开透明，我们认为我们在解决问题和决策等方面应该发挥更大的作用，我们希望在工作中运用的技术，至少跟我们在家里或学校里使用的技术一样好。

**IT**的消费化，是员工希望公司所做出的改变。简单地说，就是技术变得简单的过程，这项技术能够简单到容易被终端用户直接获得、设置与使用，不需要任何技术专家指导。在社会移动云时代，我们都可以直接获得和运用技术，而且，技术正变得越来越强大，通常比公司提供给员工的技术更强大。

**IT**的消费化这一趋势，将在未来十年里对企业产生深刻影响，挑战着我们关于信息系统和首席信息官控制的观念，并且赋予员工越来越大的权力。**在最领先的公司，首席信息官的角色已经发生了改变——从最初侧重于IT运营、成本控制以及项目管理，到如今侧重在支持业务要求、研究新的商业模式，以及促进营业收入增长。**

对无法实现IT消费化的组织来说，员工会找到与他人自由交流的方法。如果公司无法提供有利于交流的相关基础设施，员工就会采用商业服务，以满足深入交流的需要。在你的组织中，这种现象可能已经发生，主导者是那些习惯了运用在线协作应用程序的年轻员工。尽管IT部门提出使用这类服务存在安全风险，但他们继续使用那些应用，并没有把IT部门的指导当回事。如何定义风险，如何在社会移动云之中管理风险，将是下一章的另一个主题。

## 寻找新的商业模式解决方案

所有这些交流，其中一个含义是打破组织内外部的传统壁垒。为什么财务部门的某个员工，不能对市场营销的计划发表评论呢，如果他确实拿得出绝妙创意的话？为什么公司外部的合作伙伴，不能就公司内部的人力资源策略提出建议，如果他的公司过去曾经成功地应对过类似问题并提出了绝佳解决方案的话？

如我们曾在第8章提到过的那样，当我们从一群更多样化的人身上获得更多创意和点子时，我们将会变得更加睿智。设想这样一种解决方案（它在互联网出现以前的时代显得格外古怪）：你怎样请公司外部的业务伙伴对你公司内部的人力资源策略提出建议？然后想一想，这些业务伙伴为什么会同意说出他们的建议？你会不会举行一次电话会议，邀请他们全都参加，一遍又一遍地向他们介绍你公司正在努力解决的各种问题？你会不会举行一次会议，邀请他们加入为期一天的研讨，来讨论人力资源策略？这实在是太麻烦了。但在网络化的、信息自动交流的世界中，你可以轻松地向更多的人提问，而他们可能随时提出有益的建议。在网络化的世界中，关于人力资源策略的交流，只是更广泛主题的交流中不太起眼的一部分（更广泛的交流的主题包括：你公司正在开展的所有业务以及公司要怎样才能做得更好）。

对组织来说，除了在员工和业务合作伙伴构成的网络中促进沟通和交流，下一步将是在客户和潜在客户之间进行更广泛和更开放的交流。**将每一个相关利益群体联系起来，组织可以从一个封闭的、密闭的企业，发展成一种新的模式：可渗透的企业**。在这种新模式中，企业不再通过严格的程序和组织结构来管理各种沟通和交流，而是让员工可以自由地与业务合作伙伴及客户交流，参与到能产生最佳结果的互动平台中。

达到这种新的状态，要求在个人的态度、商业流程、组织结构以及技术基础设施等方面推行巨大的变革，以支持所有这些变化。**个人和组织的适应与调整，首先从理解我们在社会移动云环境中新的商业模式开始**。接下来的几章，我们将探讨这些新的商业模式的示例。

# 第 10 章  我们如何购买

## 重新定义购物与支付

假设你现在正站在一家体育用品商店内，那里悬挂着一些你最喜欢的制造商制造的最新款高尔夫球杆。你喜欢那种球杆，打算买下来。你是迅速掏出你的钱包，还是掏出你的手机？

## 商业模式转变之一：
## 对零售商来说，消费者处于掌控地位

消费者越来越多地拿出他们的手机，看看那台超大屏幕的电视机、那双名牌鞋子，或者是球具专卖店里那款最新的高尔夫球杆，能否在附近区域以更低的价格购买，或是在网上以更低的价格买下，等几天之后通过快递公司来递送。每一类商品的网络销售数额都在不断增长，使得实体零售店面临重重压力。

消费者对购买体验的期望，已经出现了一种根本的转变。原有的那种由消费者需求转变为购买决策，已经永远不复存在了。信息的访问、其他消费者的意见、可替代的购买选择、直接与制造厂商联系，以及对在线商家的忠诚度，让消费者把"主战场"从零售商那里移开，即便那是最大的零售商。消费者处于掌控地位。

如果你是一家零售店，在市场中已经受到经济下行压力的挑战、日益增长的债务对储蓄的比率影响了消费，加上消费者信心总体低迷，使他们不愿走进商店，这些因素的存在，将给你带来一系列新的挑战。但如今，所有这些因素中摆在第一位的是，更高效的购买和交付机制、完善的市场信息。更高效的销售和交付机制使客户能够做出更好的选择，并且以比零售店更低一些的价格来买到产品。

消费者仍然希望来你的店里试一试鞋子，或者挥动一下高尔夫球杆。然而，当他们到了做出购买决定的时候，你怎样确保他们一定在你的店里购买？方便和即时地购买，不再是把客户留在店内的足够理由。消费者口袋里有一台智能手机的话，你便知道，他现在能够查询那款产品在其他十几家店里以及网上的价格，而你的价格，因为房租和销售人员的成本，比别的地方的价格更高。

那么，零售商会变成什么样子？或者，最起码，零售店的各种分店会变成什么样子？多年来，在我和大型零售商交谈的过程中，我请它们重新思考在价值链中的地位——你是制造商的代表，还是消费者的代理人？这两种地位，并不是完全相互排斥的，但你选择其中一种地位作为主导，一定会对你公司所开展的一切业务产生巨大的影响。

### 第 1 种情形：制造商的代表

在这种传统模式中，零售商的职责是向顾客宣传推广制造商的产品。作为制造商的合作伙伴，如果成为制造商最高效的代表，零售商就能产生营业收入，也就是说，零售商帮助制造商销售商品的量越大，就能获得更人的折扣，就能因特别展示或者货架空间得到报酬，获得共同营销的资金。零售店的职责是尽可能多地向公众销售产品，并且代表制造商面向那些公众。对零售商来说，对制造商忠诚，是可以产生回报的。

代理可以是独家的，或者是非独家的。零售商独家代表的例子是汽车制造厂商发展的经销商网络，目的是将它们的产品推向市场。非独家代理的例子是为货架空间而向品牌收费的杂货店。在两种情况下，零售商都会因为代表制造商而得到报酬，而且与制造商的利益相一致。

消费者在这其中被置于何处？如果在一个消费者掌控一切的新世界中，当他知道你代表的是制造商的利益而不是他的利益的话，他怎么会信任你呢？

## 第 2 种情形：消费者的代理人

对零售商来说，一种新的模式正在浮现，那就是：着眼于成为消费者的代理人。零售商不向消费者推销制造商希望他推销的东西，那么，可以站在消费者那一边吗？零售商不是在满足制造商的需要获得最大利润，那么，可以在满足消费者的需要时获得最大利润吗？难道要帮助消费者从一堆的制造厂商那里选择最好的产品？如果制造商的产品出现了问题，难道要帮助消费者满意地解决问题吗？

事实上，零售商总是这两种情形的结合。不把关注的焦点放在消费者身上，没有哪家零售商能够生存下去。但是，把消费者放在完全主导的位置，到目前为止，只限于奢侈品市场和小众市场。数字化拓展了这种新的商业模式的潜力，在打造以消费者为中心的零售商时，有三个重要因素值得考虑：

1. 成为被信任的信息源头。

2. 为你的客户主张权利。

3. 追求客户忠诚度。

在制订新的零售策略时，你可能发现，你当前模式的整个设计是错误的。你过于担心有些什么存货，不太关心有什么可以出售的。你的员工如果销量好便会得到奖赏，但并不会因为客户满意度高而得到奖励。但是，一些新的模式正在浮现，值得从中学习。

**各公司都在创造一些新的零售体验，它们为方便对话和沟通而**

**进行了优化**。顾客不是在成排的货架中间走动，将商品扔到篮子里，相反，这些商品全都放到了后方。而在零售区的空间，特地摆放了一些桌子，在那里，客户可以用双手亲自体验这些产品。当你在试一台新的笔记本电脑时，就有一位兴高采烈且受到良好训练的员工站在那里，解释这款产品和其他可选择产品之间的区别。这位员工并不会由于向你推销了一件价格更高的产品而得到报酬，他会问你一些问题，询问你想要用那件产品来做什么，最终的目的是为你推荐最佳的产品。

当客户到了做出购买决定时，零售商的员工将后方的产品调出来，并且，这笔业务在同一张桌子上完成，而不需要排在长长的等待付款的队伍后面。如果客户有问题，任何时候都可以回来，零售员会耐心帮助解决那个问题，更换产品，退回客户的钱，等等。这是一种将三个要素具体化的零售体验，即成为被信任的信息源头、为你的客户主张权利、追求客户忠诚度。

以上这种零售的神奇之处，都是由技术来实现的。营造了这种零售环境的公司，开发出了一整套尖端的工具，让客户和员工能够有效地沟通——网上预约、销售员通过掌上电脑管理等待清单、控制库存，使每位销售员成为一个可以四处走动的收银员。或许最重要的是，员工可以访问详细的客户记录和产品记录，从而找到问题的答案，比如，它还在保修期内吗？你此前用这个产品出现过问题吗？

对数字世界的知晓，是以客户为中心的新的零售业取得成功的关键，而零售员必须能够提供这种工具。让你的员工成为超人，他们一定要比你的客户掌握更多信息，一定要获得帮助客户解决问题的授权，而且，一定要以快速与便捷的方式来解决问题，让你的客户感到满意。

即使客户服务做到了这种等级，甚至公司做到了：成为被信任的信息源头、为你的客户主张权利、追求客户忠诚度，我们依然发现，在所有产品和服务的购买中，很大一部分转向了网络。每位零售商都应当为这种情形做好准备，而且应当重点关注如何提供一系列整体的在线体验。客户将越来越期待通过各种渠道与公司交流，在商店内、在网上、通过手机、通过社交网络，并且不论客户什么时候想要交流，都能做到。

## 商业模式转变之二：在手机上实现便捷支付

如果你不会掏出手机在网上购物，但可能把它掏出来支付。各公司都在竞相打造全新的数字钱包，它们共同努力做的事情是，为消费者使用智能手机支付提供条件，最终的目标是：消灭信用卡。到最后，你能在智能手机上点击某个app，然后为你在各种各样的零售店中购买的东西付款。

很多商家都想在这种全数字化、移动的货币系统的拼图中成为一分子：支付系统的提供者、商家忠诚度项目的研发者、虚拟百货商场的建造者。如我们所知道的那样，货币系统发生永久性的改变，至少还得花上几年时间。有一些问题需要考虑：这些新的系统在资金转移方面是否具有足够的安全性？我们多久才能非常自然地用手机支付，而不是掏出钱包支付？但是，货币2.0这种全新的货币系统的出现，是不可逆转的趋势，而且，这一趋势正在发展之中。各企业要花数年的时间来发展货币2.0。对所有的企业领导者来说，这是一个大好的机会，而不仅仅是零售商。

理解货币2.0这一货币系统，最根本的一件事情是：我们的未来，绝对没有理由应当把塑料制成的信用卡、纸制的货币或者金属币当作钱来花。更进一步讲，我们对钱的认识，将会有各种各样的理念和看法。一个完全数字化的、能储值的移动支付app之所以能大行其道，使那些没有智能手机的客户也去购买智能手机的原因，在于客户与商家的关系即将由公司发行的货币所改变。

## 公司发行的货币：在商业中，我们相互信任

公司发行的货币及其应用，不但改变你思考如何开展业务的方式，而且还将改变与其他方一同开展业务的含义。

不论我们是使用卡片还是app来支付，在谈到钱的时候，我们依然觉得它是由某个主权国家发行的。但如果我们观察其储存的价值（钱）以及定价（将其储存的价值用来交换商品），我们发现，这些概念可以渗透到数字化世界中去。因此，对货币的定义正在改变，

或者说变回到过去的概念了。

你可能认为公司发行的货币（储存的价值）是一种进化，但在某种意义上，我们已经历了一个完整的周期，回到了用干草交换绵羊的时代。现在唯一的区别是交付系统。

即使是在主权国家发行的货币已经开始主导金融交易之后，世界上仍然存在公司发行的货币，比如蓝带印花（印花是一种营销赠品，是一种优惠券，零售商店会在顾客购物后送一些印花，顾客把印花粘在小册子里，只要积累足够的小册子就可以兑换商品，例如一个烤炉、一个球拍等）、农夫之间的以物换物，等等。要理解公司发行货币的重现，就要理解数字化货币的表现形式是怎样发展的。想一想，如果你可以在别的地方使用咖啡店发给客户的储值卡时，会是怎样的：当你在咖啡店里消费，获得了十分一杯的免费咖啡，你可以交换这些咖啡的价值来获得其他的产品。储存的价值，就是存放在那里的价值。数字化的交易，使得这种价值的交换，甚至比货币本身更流畅。

为了理解这个概念，值得花一些时间，更加深入地回顾货币这种媒介的发展史。

要拖着干草或者牵着绵羊到你想买点东西的每个店主家里去，相当不便。你想与之做生意的每一个人，并不见得都想要干草或是绵羊。但是，如果你没有别的一技之长，只能通过割取越来越多的干草，或者喂养越来越多的绵羊，才能使生活过下去的话，那么，它们就是你必须向别人提供的、以换取其他商品的价值。商业，需要一种更方便的媒介，它可以代表干草、绵羊的价值，以便能够互相交换。这是经济学的入门课程，但有时候，值得思考一下我们是怎么发展到当前这种状态的。

第一步，是利用比商品本身更容易携带的贵重材料。金子或者银子的交换，方便了金融业务的开展，但最终受到金属的重量和价值的限制。纸币和非珍贵金属货币的发行，是为了代表储存在银行金库里金银的价值，最终，这些金银储存到了政府的金库里，因为发行纸币的权力，被政府统一了。

在20世纪，一件举世瞩目的事情发生了：政府发行的货币价值，与实物资产（金子或银子）脱离了关系，而我们对货币的理解也跟以往有所不同。现在，我们认为货币是由我们唯一信任的主权政府支持的金融工具。

如今，我们请商品和服务的每一位制造者、每一位消费者，放下对用来衡量商品价值的工具的不信任，继续积累、交换、信任那一工具，即使它与实物资产不存在最终的关联。现在，这全都关于这样一种的信念：货币发行者将有能力通过其政治体系、经济体系和军事力量捍卫那一货币的价值。

无论你个人反对还是同意这种基于信任政府的货币，但作为一个集体，如今，这个世界从事商业活动的基础只有一个，那就是信任。这也形成了一种新的形势：人们除了信任政府，同时还信任实体。

## 商业模式转变之三：公司发行的虚拟货币

一旦我们信任某一种实体（政府），那么，有什么阻止我们信任另一种类型的实体（公司）呢？赋予货币价值的机制几乎是完全相同的，而我们是否愿意信任某个实体，应当看那些实体是否已经做出承诺。不过，那些实体会履行它们曾经做出的承诺吗？

航空公司的忠诚客户计划，便是一种公司发行的货币。这类计划的范围扩展得非常不错，远远超过了累积一定积分便可享受免费飞行的范畴，如今，这些积分可以用来购买任何一种产品。旅行者可以用他们累积飞行的里程数去购买产品和服务，即使自己身在飞行途中，也不受影响。想象一下，航空公司变成了一个塞满商品和服务的大商场，既有深深着迷的顾客，又有销售渠道，如果需要的话，还有一个运输系统。

金融机构也在推出积分计划，如果使用了它们的支付机制，便可获得一定的积分。通过回馈客户公司货币，来鼓励客户依赖它们发行的卡，随后，客户可以用这些公司货币购买商品或服务。这些是折扣吗？忠诚计划吗？货币吗？其实，它们都有着相同的功能，因为它们都代表着双方之间价值的交换，在交换的过程中，出售者向购买者提供价值。

如今，越来越多的公司发行的货币、游戏、积分、奖励系统正在涌现，而且，它们是完全数字化的、移动的。我一再强调为移动技术建设基础设施，因为它是在这个全新市场中做生意的推动力——很大程度上由于它能够重新定义交换的媒介。我们拥有了十几种乃至数百种用实物（甚至塑料卡片）来代表的货币，它们都太笨重了。但是，由公司发行的货币，是以数字方式来储存价值的、完全可以移动的，是公司设立的一场游戏，并在游戏中奖励参与者，公司货币的价值由公司的意愿来决定。这种货币的出现，将改变交易的经济形态，改变我们和谁进行交易的决策，而且，当它们全都可以储存在智能手机上，并且通过智能手机来管理时，我们可以愉快地使用一系列这样的货币。

为了防止你将公司货币的使用限制在与客户互动上，在此我简单地提一下，那种货币还可以在你公司的每一个部门使用。你现有的客户、业务合作伙伴和员工，他们都可以成为公司货币计划中的一分子。在供应链中，借助社会移动云技术可以很好地实现库存管理，可以轻松地变成商品和服务的"股票交易所"，能够在其中进行交易结算。员工可以参与相互间的微型交易，这些交易与绩效评估系统相连接。同时，一些全新的系统正在发展之中，它们允许组织更容易地追踪目标、团队协作情况和个人贡献等。

在推广计划、忠诚度计划，以及虚拟的公司货币等方面，随着在社会移动云环境中商品与服务的游戏化进程，货币2.0将不断发展演变。第11章将解释游戏化到底意味着什么，它对企业有什么含义。目前，我们重点探讨公司发行的货币能够怎样改变你与客户接触的方式。

## 公司货币 PK 主权货币

用虚拟的货币购买商品，比如一辆真正的汽车，会出现一系列新的问题。一辆汽车拥有真实的价值，购买一辆汽车，意味着需要支付一部分现金，剩余的部分通过取得有利率的贷款来支付。在这个过程中，使用的是由主权国家支持的货币。交易中所有的参与者都知道，那种货币在经济中所起的作用是什么。购买一辆汽车，所有的利益相关方，包括制造商、经销商、金融机构、保险公司，认可美国政府发行的美元在某一时期、某一时刻拥有某一特定价值，并且那种价值在一段时间内是相对稳定的。

由公司发行的虚拟货币，的确不能替代主权政府支持的货币，了解这点很重要。只要我们生活在一个需要政府的物理空间中，那些政府就有权决定我们如何以及何时在物理空间中交换价值。政府的权威，部分地源自货币，因此，它们需要对货币进行控制。这甚至还写进了美国的宪法，实际上也写入了每个国家的法律之中，那就是：政府是发行可兑换货币的唯一主体。

有很多创造价值的复杂系统，来自主权政府，很多时候与我们生活的各个方面有紧密的联系，比如贷款以及由债务人支付利息，复杂的保险机制。主权政府发行的货币，依然将是我们社会正常运行的关键组成部分。

　　不过，对主权政府来说，要限制公司发行其货币的能力同样很难，而这涉及一个核心的问题：虚拟货币与我们一直以来认为的货币，究竟有着怎样的区别。这个问题与货币的概念是紧密相连的。货币就是价值的象征表达。提供优惠券，某种程度上就是发行一种货币（尽管它的用途有所限制）。忠诚客户计划也是一种经过掩饰的货币。公司对其最优秀的客户调整价格，或者奖励那些经常买东西的老客户，从某种意义上讲，也是在发行货币。

　　有些公司甚至开始围绕多种主权货币来创新，特别是针对那些最富有的消费者。一些银行已经向那些确实很富有的人推出了一种混合货币：允许它们最顶级客户以一个平衡的世界货币价格来储存价值（存钱）。你可以将其理解为一种更好的货币，它不受当地商业周期和政治事件的影响，是平衡各国经济规模与稳定性之后的世界货币。

## 商业模式转变之四：给公司货币投保

　　我们可以看到的一个新的子行业，是为公司发行的货币以及为航空公司之类的公司提供保险的行业。这些保险产品，旨在为企业推出的积分提供保障。如果消费者打算储存里程数的价值，或者储存其他的公司货币，他们可能希望更进一步保障他们的"钱"是安全的。并不是每一个人都想麻烦地去投保这种新的保险——曾有家航空公司的高管这样来反问我："你是觉得你使用主权政府的货币更舒服，还是用我们航空公司的货币更舒服？"

不管怎样，保险将为虚拟货币提供更广阔的市场。当虚拟货币的发行者出现违约时，经销商可以索赔时，经销商才更有可能以虚拟货币的形式卖给你汽车。保险和银行总是亲如姐妹。

如今，智能手机变成了人们的金钱与商店之间的导线管；手机引导着交易。钱，就像我们平常对它的了解那样，无论是纸币、硬币、塑料卡，还有以支票为形式的金额更大的纸，只是所储存价值的物理表现方式。如今，我们可以采用数字的方式来利用那些储存的价值，因为消费者、商店和银行可以无缝地办理业务。不同单位之间储存的价值，比如美元、欧元、里程数、积分等，都可以在智能手机上计算出来，我们的手机提供的一项重要功能是：确定最佳的购买商品的场所，以及确定实现购买的混合货币组合。

## 商业模式转变之五：接受（多种货币类型的）移动支付

手拿智能手机，能够接入互联网，如果所有的商店、专业服务公司以及政府机构可以接受移动支付，那我们便不用再拿着现金从这里跑到那里了。

企业有很多动力来接受移动支付。硬件投入的需要很少，而且，通过智能手机进入社交网络，意味着能够吸引你之前没有发现的客户。对小公司和新公司来说，你可以对收银台及POS机说再见了。一台笔记本电脑或者甚至一台平板电脑，就是一个新的收银台。大公司在这种POS硬件中投入了大笔资金，因此，针对移动支付而更换设备，也许是较短期内的解决方案，但最终，所有的实体零售商的每一位员工，都将手拿一台智能手机，而且整个商店内看不到收银台。

对于上述的转变，不管是大公司还是小公司，都需要了解一些策略，其中很关键的一项是针对长期的移动应用而建立支付系统，使你所有的客户，包括员工、电子商务合作伙伴，以及消费者，都能使用他们的智能手机，通过远程来向你支付、得到支付、收到奖金、忠诚计划、折扣。

## 当 app 成为新的信用卡，人人都将成为超级英雄

移动货币，还将改变我们用钱的方式。想象一下，你购物的每一个地方变成了你手机上的app。这个app将变成新的借记卡、信用卡，甚至ATM卡，拥有资金账户、信贷额度的图标，还有商家的图标，代表着一定数额的储存价值。记住，价值不能被仅仅定义为现金。你在咖啡店里获得的价值，可能包括十分之一杯的咖啡、特别专供，或者是对某些特定商品（好比豆奶）享有折扣。

有了智能手机，商家的忠诚度计划、独家折扣，甚至可转移的储值，都存在无限的机会。如果你的配偶某一天在一家实体书店内浏览，你可以向他/她的手机上发送你曾在自己手机上的app中保存的、书店给你提供的折扣。发送的时候，你的配偶正在买书，而他/她可以在

现场使用那一折扣，并且这种折扣在实体店与网店都有效。

最终，我们的财富将由主权货币的储蓄、资产、收集到的虚拟货币，以及我们的信用额度等综合而成，所有这些，都由云端的一系列智能代理来管理，并且无论我们在何时、在何处需要这些不同的储存价值，都可以从移动设备上访问。货币，使交易变得更加简单。然而，社会移动云表面看起来非常简单，但实际上它的复杂程度在日益增强。

## 商业模式转变之六：用移动支付改变购物体验

想象一下购买机制的变革将怎样改变我们的购买体验：航空公司、租车公司、杂货店、任何其他业务。现在，你可以舒适地在自己家里（或者是舒适地用你自己的手机）购买一张机票，下载一张可移动的登机卡，随后，通过机场安检的扫描仪和安检门，开始登机。下一步就是将这种智能添加到这个过程的其他部分。为什么不能让行李也自检呢？有些航空公司已经开始在乘客的行李包上粘上智能标签，这些标签能够识别行李包的主人，并且实时追踪行李包的位置。移动支付让你可以扫描行李、把它丢到传输带上，然后你可以追踪它、进行支付，并且很有可能和你同时抵达目的地（希望这也会得到改进）。

租车公司现在还需要排队吗？对于那些经常租车的人，早已不需要了，而那些不经常出门旅行的租车人，也能够用移动设备处理所有事情。在去租车公司的汽车上，你可以在智能手机上办理登记手续，支付，接着直奔停车场，拿到一个分配好的编号，然后取车。在出来的时候，扫描移动条码，确认一切事情都已正确完成。最后，机械臂向上抬起，你就可以开着车出去了。

作为市民、客户和员工，我们所做的一切事情，都可以借助无处不在的计算机和网络连接，转变成支付体系。医生办公室以及令人心烦意乱的保险支付流程怎么样？你送进去的那些表格，你费劲地找出你应付的医疗费用额度，等等，所有这些繁杂的纸质工作，都已经过时了。当我们谈到类似医疗保险范围和退赔之类的流程时，采用移动支付，将明显节约医生和患者耗费的时间。

下次你到当地的零售店买东西，或者外出办一些事情，问你自己：我是不是必须排队才能付钱？为什么我需要用钱（以现金或者信用卡的形式）来支付呢？如果只有智能手机拿在手里，我能生存吗？为什么我不能只用智能手机为所有买好的东西付钱呢？

牢记这一点，然后开始思考你自己可以向客户提供些什么。在设想和展望时，要记住，这里所指的内涵，远远超出向客户销售产品和服务。同时，还开始考虑如何与政府机构互动，包括更新驾照，或者办理城市养狗许可证、到税务局纳税，等等。

关于企业对企业，你的整个供应链可以结算各种交易，也可以进行库存管理和供应商管理。难道你的业务不应当成为智能手机上的app，以便你的业务合作伙伴、监管者、员工和客户，都可以通过访问它进行沟通、合作和做生意？

# 第 11 章 工作变游戏，游戏变工作

在第10章，我谈到了虚拟货币，探讨了可以怎样使用它们，以改变客户对交易的想法，以及你如何将它使用在客户忠诚项目中。但现在，请从虚拟货币对员工的好处的角度来思考：如果员工在你的公司中能够赚到虚拟货币，怎么用？他们可不可以根据和你公司签订的共同营销和以物换物的协议，来购买假期、电子产品和新汽车呢？你能够由于他们的合作、提出了好主意，或者一直保持了身体健康而奖励他们吗？

## 商业模式转变之七：将工作变成游戏

在员工的额外津贴和奖金方面（这也可能适用于奖励优秀的供应商和其他业务合作伙伴）：如果你可以给他们一些有价值的虚拟货

币，以便他们能购买一些东西或者采取某种行为方式，会怎样？

如果把这种虚拟货币融入到员工的移动app中，实现了对工作的遥控，想象一下会是怎样的情形。假如任何一位员工可以点击某个app请病假或者申请某个公开招聘的内部岗位，会怎样？在出差路上的员工，可以用每天即时结算的差旅费来直接支付，同时账单可以作为一份支出报告。万一支出报告出现了超标，也就是不能被允许的支出，可以即时发出警示，甚至禁止支付。或者，只有当员工使用公司货币来支付额外开销时，才允许他入住价格更高的酒店。这是一种概念性的公司签账卡，由虚拟货币所推动，它可以追踪支出情况，并且鼓励人们正当的行为，把这种鼓励融入到流程之中。

如果有哪一章告诉了企业领导者，为了在社会移动云的时代中实现蓬勃发展，他们最终要做些什么，那就是本章。

我曾谈到过游戏，但在这里，让我们稍稍深入地探讨，因为你得开始考虑怎样创建你自己的、用激励措施而设计的游戏。这些激励措施，激励着各种利益相关方去实现你的目标。你得开始像这样思考：如果我可以为员工制定一个医疗保健得分系统，假如他们加入某个健身馆进行健身、饮食健康、成功地戒了烟，就可以得分。当他们累积到一定的分数时，便可以获得额外的一天假期。而且，如果所有这些体验，都让员工满心欢喜，会怎样？

游戏，是商业和消费主义的机制。游戏，让价值实现了数字化存储，让公司发行的货币成为可能，也让人们有动力去收集和使用那些货币。这种新的市场环境，有时候称为货币2.0，为明确目标与行为标准提供了前所未有的机会。

一直以来，我们在员工还没有积极参与某些活动的时候，就和他们就行为的目标和标准进行沟通，要么作为其入职过程的一部分，要么一边培训一边沟通。我们制定了一些流程，这些流程帮我们奖励或处罚员工，其依据是他们有没有很好地实现了那些目标或者遵循了那些标准。如果我们将身边的环境游戏化，就可以在员工投入工作时能够强化公司所期望的行为，并且货币可以用来在工作任务完成时奖励（或者惩罚）他们。

储存的价值是一种货币形式，智能手机的app上的钱，可以进行远程控制。一旦人们理解了他们可以用储存的价值来交换某些想要的东西，人们就会想要获得尽可能多的储存价值。而这种储存价值，可能比现金还好，因为它能让我们获得一些现金买不到的东西，比如提供专属的访问，获得限量版的产品或者无法用金钱来衡量的好处。

采用数字方式储存的价值，它让你觉得富有，因为你可以任何时候都拿出手机，在屏幕上看到这种价值，而且，它是一种新的资源。谁不想在我们的指尖有尽可能多的资源呢？

那么，我们要怎样才能做到游戏化呢？听起来好像是精心设计的优惠券策略。嗯，正是精心设计的优惠券，导致了游戏化，因为，有了那些储存的价值，铺就了一个平台，这个平台吸引人们为胜利

完成任务而竞争、为争取尽可能多的储存价值而努力，并且为他们
获得希望得到的和需要的东西提供了激励。

作为一个企业的领导者，一定要知道，每一位员工和顾客，都
希望你的公司提供有形和无形的回报。如果你为利益相关方提供了
优质的回报，将为你的公司和产品带来忠诚的追随者。游戏，能让
人们成为一分子，当他们成为一分子便会投入其中、沉迷其中。这
对任何一个企业来说，都是一种制胜的组合。

牢牢地记住这种游戏化现象的一个有趣的部分：**拥有智能手机
app的公司，往往比那些只依赖于网站的公司，拥有更多积极主动、
乐意参与的客户**。这部分是一种遥控的心态：当你把遥控器捏在手
中并且点击某个按键时，你便知道你想去激发某种行动。而另一方
面，网站却只能用于浏览。

## 什么是游戏

让我们暂时后退一步，真正地思考什么是游戏。游戏是每个人
都知道的一组规则，根据这些规则，人人都能获得平等的对待。游
戏，意味着遵守那些规则，便会获得好的结果。而且，它总是有一
个系统在运转。所有的游戏，都有其玩家。所有的玩家，都有其目
的；在游戏中，有利益、有冲突，而且有要么赢要么输的内在可能
性。象棋之所以称为生命游戏，是有原因的。每下出一步棋，游戏
就改变了，而且，棋局不存在确定性，也没有哪一步棋是最佳的一步。

## 商业模式转变之八：以数据为依据的决策

　　游戏既是与客户互动的一个平台，也是了解他们行为与愿望的窗口。社交游戏公司破解了一种机制：我们理解自己如何被激励，公司利用这一点可以做些什么。成功的社交游戏公司分析玩家与游戏进行互动的方方面面，它们将这些数据提供给员工，以推动决策。

　　设想自己是这些公司中的一员。你怎样在下一次管理层会议中提出一个创意，并且希望获得公司的批准，为你实施这个创意而提供资金？你会不会谈到，其他的公司如何制作跟你描述的差不多的游戏而大获成功？你会不会谈到你在制作同样的游戏时有着怎样的体验，就算你磨破嘴皮，你用这两个方法也无法使你的创意获得批准，除非你拥有另外一个重要元素——数据。

　　如果你声称，这个新的创意有它的优势，那么，支持这一观点的数据在哪儿？你曾进行过什么样的实验，表明这个创意能够成功？不能是抽象的实验，而要具体的实验。你有没有制订一个计划，根据循环往复的实验、数据收集、分析、计划的调整，来逐步地完善你的创意？

　　你的公司得开始向类似于这样的企业看齐：**把数据收集的功能嵌入到产品和服务的设计之中，能够分析那些数据，用它们来改进决策、做出更迅速和更优良的决策，提高客户的满意度。** 游戏化既能使你与客户互动起来，在互动的过程中客户能为你提供你需要的数据，并且创造了你收集这种数据的机制。

智能手机上有一类游戏，是你单独地玩，并不具备对抗性，也没有其他竞争者，然而，这类游戏已成为一种社会现象，非常普及了。这些游戏有一些简单的原则——是模拟的动力学，比如弹弓游戏或者摆动的绳子的游戏，创造了一种趣味和参与的感觉，让人们能够几个小时玩不停，或者是看着对方玩，分享解决视觉上的难题的挑战和乐趣。

关于这些游戏，有六个方面是重要且让人着迷的：

1. 它们通常都十分简单。

2. 任何人都可以玩，而且游戏从易到难，有一个逐渐的升级过程。

3. 孩子和大人都喜欢玩。

4. 玩游戏的方式，吸引人们看着对方玩（包括父母和他们的孩子）。

5. 人们更乐意为玩这些游戏而掏钱。

6. 回报仅仅是过关时的满足感。

开发这些游戏以及社交游戏的公司，它们深入地研究了人们如何互动的方方面面，并且运用收集到的数据来设计越来越勾起人们兴趣的游戏产品。每一个游戏的成功背后，就有很多未能获得成功的尝试。正是循环往复的产品开发、实验设计、数据的收集与分析，帮助这些游戏研发公司获得成功。

所有这些例子，并不是说你得进入游戏这个行业。它们只是说

明了公司怎样使用数据来做出更加优良的决策，以及如何运用游戏
动力学来制造吸引力和满意感。每一个成功的例子，都是企业通过
构建一种以数据为依据的应用，把数据嵌入其产品中，并且能够收
集该产品如何被运用的信息等——在这个案例中，是收集游戏是怎
么玩的信息。问一下自己，**你的公司怎么去收集关于人们如何使用
产品或服务的数据，你怎样制订使用这些数据来推动决策的原则，
以及如何进行循环往复的改进**。把这些概念带到你公司的会议桌上，
并且问一下你应当马上进行一些怎样的实验。

## 实验，从员工开始

首先要从你自己的员工开始实验。在你的公司中打造游戏化理
念的过程中，首先聚焦于两个重要的方面：

1. 要记住，你得把注意力放在激励机制的设计上。

2. 在内心首先反复强调，首先对员工，然后对合作伙伴，最后
对客户进行实验。

激励机制的设计，意思是用内在的鼓励（奖励或惩罚）来设计
游戏，引导参与者朝着你期望达到的目标向前。**游戏化的全部要义
在于激励机制的设计**。有些人不喜欢游戏，但不会深入思考任何试
图诱惑他们的设计。大多数人非常高兴地计算他们得了多少积分，
也乐意获得回报。

因此，你怎样设计激励机制？这里有一个简单且好记的首字母

缩写词——PHAME。它是这样的 :

- P代表问题（Problem）：你正着手解决的问题是什么?

- H代表假设（Hypothesis）：对于那个问题可以如何来解决，你的观点是什么?

- A代表行动（Action）：你可以采取怎样的行动来测试你的假设?

- M代表度量（Metrics）：你怎样测量其结果，你设定的目标是什么?

- E代表实验（Experiment）：进行一次实验，并评估其结果。

明确问题，通常是这个过程中最难的部分。你必须确定某个问题，以便能提出有用的假设，采取有效的行动，并真正为获得最终的解决方案而测试。类似于"我们需要更大的销量"这样的问题，不可能让你在PHAME的流程中取得良好开端。相反，你得让问题更具体。"增加既买点心又买咖啡的客户数量，而不是增加只买咖啡的客户的数量"，或许是一个好的开始。另一个例子是 ："借助于现有的忠诚客户，鼓励他们更多地回头购物。"这些问题的声明，有助于重点关注一些特定的产品，或者特定的客户和期望的行动。你提出的问题越具体，提出假设也就越容易。最好是问题中还包含一个确定的目标，比如，"将回头客的销量翻一倍"，比 "追求更多回头客的销量"，就更加具体，也更加有益。

下一步，即提出假设，是将你变成科学家的时刻。科学其实涉及对某个问题设想一种可能的答案，但要以能够经得起测试的方式来设想。这一步骤既需要借助直觉也需要借助数据。一个假设应当是可测试的，以尽可能最低的成本和最短的时间进行测试。在向只买咖啡的客户推销点心时，可以这样假设：通过在咖啡店的忠诚客户卡片上画一个特殊的方框，上面写着"咖啡+点心"，这样，顾客可能会想着既买点心又买咖啡。

这个过程的问题和假设部分，完成了所有重要的思考工作。起初，你要从一个最佳猜测开始，但这是一个循环往复的过程，而且随着时间的推移，你的问题和假设部分，要根据数据和分析进行改进。**但随着你进入"行动—度量—实验"的部分，要记住，只要你将数据的收集工作纳入到流程之中，这就变成了一个循环往复的过程。**测试我们的咖啡店创意的行动，其实很简单：你要做的就是印制一些特定的忠诚客户卡片，让它的上面印有"咖啡+点心"的图案。但是，为了让最终的结果有意义，你得在开始试验之前计算购买的次数，以便手头有一些数据用于日后的比较。度量是你希望获得的结果（在这里，成功也许意味着每天多卖出10份点心）以及你追踪那一结果的方式。一旦所有这些都明确了，你可以进入最后一个"实验"环节。

在所有那些环节都完成之后，会发生什么？还没结束！根据你的结果，你随后要反复地进入提问、假设和行动环节，甚至还要再次进入度量和实验的环节！这种测试和循环往复的方法，正是科学的方法，几个世纪以来人们一直在运用，以便提高我们对宇宙的理解、治疗疾病、拓展其他各种人类知识领域。如今，社会移动云让我们运用这种科学方法来经营我们的企业。

即使你的公司并没有像那些游戏公司那样实行数字化，你也可以运用社会移动云技术，来制造各种体验，让你能够从这种信息收集和循环往复的分析中获益。要记住，你正在为移动互联网，而不是那些只能在台式电脑上接入的网络而重新构造你的企业。

要从你自己的员工开始，至少有三个方面的理由：

1. 对于社会移动云技术，要记住，你得先从内部卉始抓起，**将所有的员工都转变成你公司负责的代言人**。不论他们所处的社交网络是什么，他们都是代言人，因此，游戏化可以确保员工所说的和所听到的，全都是积极正面的。如果你推行一项政策，由于员工在外面积极正面地宣传公司，你将奖励他们，这对你来说可以收获充分的投资回报：**可以实现公共关系、营销和广告的目标，甚至直接对销量产生巨大的影响**。进入一家公司的社交网络页面，找到他们公司优秀的员工代言人。研究一下这些代言人怎样和别人接触、向社区提供些什么、提什么样的问题，以及别人是怎样回答的。

2. 用员工来实验，比用外部的客户来实验更安全。此外，如果一个游戏失败了，员工对游戏的价值进行投票表决，你这就是在授权给他们。员工会觉得，他们对公司的决策有发言权，从而创造了对公司的忠诚。

3. 你知道你组织的短板在哪里，并且将游戏的目标设定为鼓舞士气、提升专业技能，以及其他需要改进的短板。此外，还要记住，在激励机制的设计过程中，始终牢记你的结果应当是什么，并且设计的目的是要实现这一结果。因此，**假如你需要一个具有前瞻眼光的销售团队，而不是像目前的团队那样消极地等待时机，那么，你可以创造一个游戏，对那些表现出前瞻行为的人、成功地向陌生的潜在客户打电话的人，或者在销售时提前进行策划的人给予真正的奖励。创建一个用来寻找新的潜在客户的游戏。**

只要你已经成功地为员工创建了游戏，那么，接下来就该创建那些能够吸引业务合作伙伴的游戏了。供应链的游戏与聚焦于员工的游戏大同小异——采用类似的思维和策略来创建和实施。你希望你的供应商动力十足、富有成效、忠心耿耿。在某种意义上，他们是外部的员工，和你手下的员工一样，都是业务合作伙伴，他们支票上填写的名称也许不同，他们为公司做贡献的时间也会不一样，但最终，你会希望这两类人都能为成功实现你公司的目标而努力工作。

第三个阶段是市场。让你的员工积极参与网上的互动，同时鼓励你的供应商也这样做，这两者结合起来，将使你能够与客户成功地相处，这是与真实的人进行真实的互动。客户清楚地知道，如果推销员尽说一些提前准备好的推销言辞，与一位真正发自内心且富有激情的推销员，这两者有怎样的天壤之别。

有家大型的消费品公司慢慢地让客户产生了负面的联想，最近，该公司的高管问我，他们可以利用社会化媒体来做些什么，以改善他们的声誉。**我首先建议，让他们公司充满热情的员工对市场"喊话"！** 这家公司有很好的历史、优秀的人才、美好的蓝图，没有任何理由不受到客户的信任。但是，公司却企图在市场中控制员工与客户的交流，这样一来，客户便不再信任公司。**不要把你的员工雪藏起来！让他们与市场接触。** 游戏是一种绝佳的环境，在这种环境中，我们可以学会怎样与市场接触。

利用游戏来粉碎这一壁垒，并且让你的员工和客户能够共同做一些有趣的事，比如围绕实现既有益于公司又有益十客户的目标来设计游戏。运用储存的价值、提供有趣的活动，在人与人之间建立联系，是公司为了在社会移动云这个全新时代里变得举足轻重而必须做的事情。

**在思考交互平台方面，学会如何用趣味来设计，以及在脑海中设计激励机制，是第一步。** 正确地设计了交互平台，那么，你与利益相关方（无论是员工、业务伙伴还是顾客）的交互，就能取得期望的结果。社会移动云已经改变了这些期望：你的客户和员工希望成为互动的参与者，而不是互动的对象。人们再也不会接受一种只为实现公司目标的体验。为了互动你所提供的每一种体验，都应当是令人愉快的。

## 商业模式转变之九：体验就是主导价值

你可能依然认为，你的公司只是提供一种产品。但越来越多地，**你提供的产品，只是整体体验中的一个组成部分而已**。公司真正在向前推进的工作，就是创造这种整体的体验。回想以前我曾探讨过的一种新的存在状态——持续数字化接触。公司应学会在正确的时机出现在数字世界中，以便参与到客户体验中，**客户体验与我们提供的产品和服务有密切联系**。

各公司正在学习如何用产品做到这一点。例如，关于跑步，买运动鞋只是其中一个小小的组成部分，其他的体验，才是真正丰富的体验，而且不只是跑步本身。决定到哪里跑、向朋友挑战、参与比赛、比一比成绩、追踪自己的进步，等等。对跑步者来说，互动平台使得运动鞋的制造商融入到跑步这项体验的更宽广范围之中。

假如某个运动鞋制造商向跑步者出售一个传感器，该传感器能追踪有关跑步情况的统计数据、提供在线服务来储存数据，而且能够和其他跑步者连接后比一比成绩（运用社会移动云），那么，这个时候，制造商就在越来越多地向客户出售一种体验，而不是一双鞋子。**在与客户的互动中，客户更注重的是体验而不是产品**。理解这一点的最佳方法是理解我们的需求层次。

如果我们对食物和住所等的基本需求得到了满足，自然而然地，我们就想满足更深层次的需求。但只有随着每一项需求都得到了满足，我们才可能开始想着更深层次的需要（例如交朋友）。最后，要满足的最重要需求是自我感受、自我实现，也就是说，我们最终发挥了自己的才华和潜力，实现了自我价值。在这个阶段，我们能够感受意义。

**在提供体验的过程中，如果公司发挥着媒介的作用，那么它们可以促进这种意义的形成和感知。**在前面运动鞋的例子中，重要的并不只是公司参与其中，更重要的是公司帮助拓展跑步者的体验，比如，可以为跑步者提供在线数据，并让他们能对照以往的跑步过程来评估本次跑步的效果，和其他跑步者进行横向对比，等等。奔跑的体验，变得可以测量了，也变得社会化了。结果，跑步者可以用全新方式来深思自己的跑步，而且能够运用跑步的体验，与其他人联系和合作，带来了其他方面的意义和好处。

公司越来越需要把注意力集中在客户、业务伙伴和员工的体验以及生活与工作的意义上，以充分调动他们的积极性。只立足于价格或速度，你的公司能够与其他公司竞争吗？你能保持创新的步伐，在产品的特性上不断地实现差异化吗？你的员工是满足于拿工资，满足于知道他们正在为公司的利益相关方创造财富，还是越来越多地问"为什么"和"还有别的吗"？你的公司能不能创造一种体验，为人们的生活增加更丰富的意义？货币的再造以及游戏化，为各公司在与员工、业务伙伴、客户的互动中创造价值提供了新的平台。

# 第12章　重新想象工作和工作场所

第11章描述了游戏化的重要性，展示了社会移动云如何改变了人与人之间（公司内部和公司外部）的互动。本章将探讨工作场所发生了什么改变，以及你在社会移动云中的角色。我们将全面重新思考人们的工作方式，因为老板与员工关系发生了深刻的历史性转变。为了你的公司，你必须带头思考这一点，处理好这种转变对你以及员工的影响，并且像一个梦想家那样适应这种转变。你要么领先别人十步，要么被淘汰。

我们所处的时代，各组织正在发生颠覆性的变革，而且，各种全新的模式，正在逐步浮现。

## 变革的力量

两种变革的力量，正在同时塑造着这种新的工作环境。

首先，与工业时代的历史相反，而如今，我们正通过动态的、自我组织的、专业化的角色来创造价值，个人对生产过程所做的贡献，差异化越来越大。在工业时代，我们通过在层级结构分明的组织中角色的标准化来创造价值。

对于这种转变，重要的是理解，信息作为产品和服务的一部分价值，正发挥着越来越重要的作用。当产品的主要价值存在于其物理形态之中（金属、塑料、布料等）时，我们通过有效地组织劳动力去制造或安装那些产品来创造价值。但现在，制造产业的成本已经直线下降，与此同时，产品的质量已经直线上升，因此，相互竞争的产品之间的差异化，越来越多地通过设计、软件，或者其他信息与知识来体现。这种趋势同样也影响到服务，因为服务的竞争力强弱，越来越取决于软件和数据。

其次，技术使得工作能在不同的地点、不同的时间，由更广泛的人们来完成，并且通过动态的网络自我组织。这为老板与员工之间形成更机动灵活的关系创造了机会。如之前提到的那样，技术几乎将沟通与合作的成本降为零，使得全新的组织结构得以涌现，并且消除了工业时代各种繁杂的组织层级。

这两种趋势的发展，使得公司和员工开始用全新的方式来思考他们的角色。公司可能与较小的实体合作，那些实体占领着狭小的市场，着眼于满足一些特定的需求。公司不再直接雇佣拥有那方面专长的员工。或者，公司可能聘请更多的具备那项专业技能的临时人员。虽然这些做法可能比直接聘用人员的费用更高，**但最优秀的人才更喜欢独立于大公司之外，喜欢在工作中拥有更大的灵活性。**

即使是在内部，我们也应该形成一种教练与学员之间的关系，而不是由地位等级决定员工之间的关系。在组织人们开展工作时，有一种质的变化，那便是：网络将控制层级。在宏观的层面上我们知道，**创造性和价值的产生，更多地来自自由市场的经济，而不是集权经济。**对企业来说，同样是这个道理。与自由市场的生态系统进行合作，将是未来巩固企业竞争力的关键。对于公司来说，重要的是释放自由市场的潜力，**运用社会移动云技术来重新构思完成各项工作的方式，并且重新定义领导的角色。**

这听起来有点老生常谈。你已经知道，工作场所在改变。但思想和行动是两个概念。你在多大的程度上使那种愿景以及各种可能性深深地印在你脑海中，而且更为重要的是，变成你的行动？**你在多大的程度上打破了层级式的决策，并创造了能让员工共同合作来解决问题和做出决策的流程？**

让我们首先从这种愿景开始探讨：当我们全都是脑力劳动者，而不是体力劳动者时，我们做些什么？体力劳动终结的时代已经来临，越来越多的体力劳动都可以实现自动化，最终被机器人所代替。

这早已是整个工业化时代的主旋律。体力劳动的终结，意味着随着工作选择变得越来越少，产出却越来越丰富。如果我们以一种健康的方式发展这个社会，那么，丰富将意味着人们所获得的商品与服务并不是他们以自己的方式生产的。但是，解决温饱和拥有财富之间的差别，将取决于我们怎样来运用我们的大脑。

我们未来的工作环境，全都涉及信息的处理，从最简单的工作，到最复杂的创新行为。我们的就业和报酬体系将随着这些新模式而发生改变。

## 商业模式转变之十：网络化、社会化的销售和客户支持

多年来，将客户变成销售代理人的理念，以各种不同的方式被公司加以利用。但这些销售模式全都依赖于管理复杂的层级，有时候称为"多级营销系统"（multilevel marketing systems）。由于在构建这类销售关系的商业环境中，沟通与协调成本很高，因此，必须进行大量的监管。销售代表必须受到监管，那意味着必须要对他们进行评估和筛选，留下最成功的人员。

想象一下这种模式的低效率，假设你能相对较快地在销售助理的岗位上取得成功，只有这样，才有可能被留下来。但如果你的成功之路较为曲折，也许在自己还没有展示才能、没有表现出任何成功的迹象的时候，就被排除在人才队伍之外。但如果从长期来看，你这位大器晚成的销售代表，实际上比那位能够迅速找到成功之路

的销售代表更优秀，该怎么办？因为组织的激励机制和体制，只奖励那些快速出成绩的销售员，不一定奖励事实上最优秀的销售员，这将给组织留下一支不太优秀的销售队伍。

社会移动云能让任何人都成为销售代表和售后支持代表，并且只根据他们的业绩来奖励他们。设定游戏规则，也就是设计一个能够鼓励人们积极参与的系统，并且让他们在你确定的界限内不断发展这些模式，以便实现他们自己定义的成功。当基于云的服务可以代替人工监管时，你是否在意有多少人报名成为销售员或售后服务支持人员？当公司对员工业绩的管理已经实现了自动化时，即便他们中有人没能做到最低限度的业绩，但让他们留在这个销售队伍中是不是也没有什么成本？

充分运用了社会移动云技术的数字化转型，将放大积极的成果并减少摩擦。它将使你可以留住更多能做出边际贡献的员工，也会帮助最优秀的员工创造更大的业绩。要设计这样的体系，涉及充分发挥我们一直在讨论的各项措施的作用——社会移动云技术、虚拟货币以及游戏化。

正确地做好这种设计，可以打造一支通过网点分布各处的销售和售后支持的员工队伍。早期的试验者已经通过实验表明，员工职业道德素质的提高，以及销售和服务质量的显著提高，可以通过十分灵活的工作条件来实现。灵活性给协调带来了成本，但当协调实现了自动化时，便可以允许更大限度的灵活性。这是一种状态的改变——在"旧世界"中,灵活性的代价太过高昂。而在"新世界"中,不能做到灵活,付出的代价将是高昂的!

关于在线的、分散的、移动的劳动者工作环境,一件极具吸引力的事情是,工作可以与公司货币以及游戏化紧密相连。当工作变成了一件趣事时,其概念也发生了变化。它变得更加有趣、更有成就感,人们也能因此做出更好的业绩。

想象一个这样的世界:人人都拥有一个电脑终端,可以通过电脑赢得储存价值,然后用它们来购买产品和服务。大家将根据自己的时间安排与需要来工作,而不是根据工厂固定的时间表。更能干和更胜任的员工将从事更多的工作,以便赚取更多储存价值。

政治选举已经试验了这种动态的工作模式,部分原因是这类活动过于依赖志愿者。在过去,"动员投票"(动员投票是选举活动的一部分,政党会动用各种手段如电话、邮件和登门拜访等来动员选民去投票,为自己的阵营拉票)通常是逐家逐户登门拜访,运营临时的呼叫中心,拨打昂贵的电话。而现在,可以通过社会移动云转变。尽管走进街坊仍然很重要,但电话中心已经发生了巨大的变化,演变成一种动态的、自我组织的模式。

过去,竞选活动的传统模式是建立临时的呼叫中心,由志愿者担任热线人员,同时还有一些专用的电脑系统和电话库,专门用来从投票者数据库中提取数据,电脑可以自动处理呼叫,并且在电脑已经做好了连接下一个人的时候,自动地连接工作人员。但是,一种新的呼叫中心模式已经出现。

第一步是采用IT的消费化，省去了临时呼叫中心设备的支出，也就是说，志愿者可以带上自己的设备。这样做，志愿者不需要再使用临时呼叫中心的专用技术，他们带着自己的手提电脑和手机。在这些临时设置的空间，唯一需要解决的是WiFi无线上网。每一位志愿者都可以手拿一个预先打印好的、上面印有潜在投票者名字的列表，用他们自己的手机来打电话，用他们的手提电脑来记录结果，将结果通过一个网页界面传输至中心数据库。

这种模式更进一步优化，那就是：将简单的网页表格扩展到任何人在任何地点都可以向潜在投票者打电话。网页表格可以显示正在排队的下一位潜在投票者的电话号码，而志愿者（不论坐在什么地方）可以拨打那个号码，跟投票者交谈，并且在网络上记录其结果。这样就可以成功地开展完全分布式的、虚拟的"动员投票"活动，每个人都可以参与进来。

航空公司是第一批将这种理念付诸应用的商业实体，它们的代理人可以待在自己家里打电话，使得他们可以更加灵活地安排工作日程，并且可以履行其他职责——也许是照顾年迈的父母或小孩，或者安排时间做其他他们感兴趣的事情。让人们不论什么时候、不论在什么地方都可以工作，使公司拥有更广泛的劳动力、创造更高的工作满意度，降低员工流动率，最终结果是提高了工作质量。

对商业实体来说，将出现销售和客户支持的临时劳动力。这些模式已经在发展，很多公司如今拥有了这种附属成员的模式（affiliate model），作为其在线营销策略的一部分。任何人都可以当代理人，向公司推荐客户，如果客户实现了购买，代理人可获得少量的回扣。有些人开发网络平台，那些平台吸引着大量受众，这个网络平台充当着多个在线零售商的门户的角色。

同样，在网络社区中，客户支持也越来越常见，有的客户主动帮助其他客户。在一些最先进的在线论坛上，公司用表扬和物质奖励来表彰那些对客户最有帮助的人。

设计一些系统来控制质量，并且适当地认可那些做出贡献的人，仍然是一件复杂的事，但随着公司运用动态的网络化的劳动力，它将变得日益重要。

## 商业模式转变之十一：通过协作提高安全和质量

制造、装配、建筑以及其他的蓝领工作，也将有所改变，变得富含信息、注重合作。我在和一家大型工业公司的技术总监交谈时，他透露，公司正着手部署一个重要的技术系统，即无线传感器系统，它使得管理层能够实时确定每一位员工在车间或工厂的具体位置。这有益于应对紧急情况。在危机出现时，是所有员工已经到达安全区域了呢，还是仍有员工处在危险区域，这是一个很重要的问题。设想一下，一旦这些针对所有员工的数据可以实时地加以运用，会有怎样的意义。比如，我需要管理人员的帮助，哪一位离我最近？

我面临一个问题，知道乔依可以解决，但他现在在工厂的什么地方？

有了这些设备作为移动传感器，便可以实现连续不断地收集和报告有关周边员工的数据。在矿井里，有没有危险气体正在扩散？核电厂里的放射性是不是比预期的更高？化工厂有没有出现化学物质泄漏？社会移动云的技术，使得整个工业环境中的每一位员工，在其传感器网络中成了一个个或被动或主动的节点。

想象一下这样的建筑工地：工人可以对某个危险地点立即拍一张照片，然后将照片传送到一个合作小组，该小组包括同事、工会代表、安全监督员和公司管理人员。照片上有时间显示，并且嵌入了地理位置的数据。关于这个地方的所有信息，所有参与者都看得清清楚楚，而且可以立即进行调查和验证。

在制造厂里，如果在产品离开工厂前发现了某个安全或质量问题，可能让工厂节约大量的资金，不然，由于这一问题而不得不召回产品，一则需要直接的费用，二则对公司的声誉造成影响。

让员工能够安全工作并提高产品质量，将是社会移动云技术的一个核心特点。

## 商业模式转变之十二：透明度和开放性

社会移动云技术造就的变革，使员工能够参与大量的决策，而且，如果领导者允许这种参与，这种技术变革还将有利于组织。然而，如果不给员工机会来提问、不让他们理解决策的缘由、不让他们对最终结果有任何影响力，将导致员工不满情绪高涨，使人员流动率提高、招聘成本增加、胜任的员工越来越少，甚至出现更糟糕的情况，不服从的员工，将把他们对公司的不满情绪发布到互联网上。

让我们回到"每个人都是他们个人品牌的CEO"的理念中来。当工作场所被分割成很多组成部分时，相距遥远的员工开始变得类似于较小的公司实体。你在遥远的地方工作时，如果要获得成功，你需要有全局观，即不仅要理解你的工作，而且要理解你的工作该怎样融入整个公司之中去。独立性意味着负起责任。要真正地让这一关键理念渗透到你公司之中，这对你有利。每个员工不仅仅是有权利，而且是有义务对公司有更多的了解。

如果你营造了较好的工作环境，工作场所的分散化可以实现员工工作责任感、工作满意度、高水平的合作、积极的经济效益。记住，和你自己竞争，但是和别人合作。

### 分散化劳动力的首要成果

怎样将分散化劳动力转变成持久的利润和效益？在研究这些方法之前，先初步了解一些初期成果。劳动力分散化初期阶段的成果，你猜对了，来自将智能手机这种遥控器放到员工手中。

看一看蓝领工人的行为发生了怎样的改变吧。看看在智能手机的遥控下，他们是如何变得分散的。

在办公室外面工作的员工，如建筑、制造、运输、害虫控制、家电维修和物流等行业的员工，正从智能手机的遥控功能中获得巨大优势。他们日益具备分散化管理的能力，能够在现场和路途中通信，不再需要到总部报到。他们还可以直接和客户沟通。例如，在害虫控制、有线电视、卫星电视或家电行业，再也不需要调度员这一岗位了。来到你家里的技术员，可以用他的智能手机给你打电话，告诉你他已经出发了。他可以从手机的app上订购零部件、预约时间、向客户销售新的产品和服务。还记得吗？也许就在不久之前，有线电视维修员事先打电话给你，说他已经出发到你家来，但你却没能接到他的电话？你没办法再把他叫回来。你会试着打电话给调度员，调度员也会再打电话给维修员，但那都徒然浪费了时间。如果维修员没得到你的确认，他将转而联系下一位客户。你不得不重新安排时间。现在，你可以直接跟他交流，不再需要有一个中间人了。**我们摆脱的最大约束是工作地点的约束，同时也改变了工作任务的安排方式。**

我们看到的是更大的自主权，不可思议的沟通和协作能力。这对于蓝领和白领来说，都一样。每个人都是他们个人品牌的CEO，有线电视维修员也是如此。

你的员工和你一样拥有了带遥控功能的智能手机，谨记那一点。员工和你一样能够访问云，而且成本很低，可以做到全球访问，意味着消除了创办新企业的壁垒。还要谨记这一点，你的很多员工，特别是年轻员工，可能和你一样，长时间来一直热情地参与社交网络的互动。他们都开始适应社会移动云技术，全都在坚持着、领导着或者快速地追踪着，以避免被时代的大潮所抛弃。

员工与老板之间的关系有明显转变。员工比从前更强大，并且每天都在变得更强大。人们不一定总是获得金钱的回报，回报可以是表扬、良好的工作环境、共同取得一项巨大成就，但是，你需要在你的报酬体系中设计真实的回报，以便吸引最优秀和最聪明的人才。即使这样，也不要指望最优秀和最聪明人才永远待在你身边。他们有什么理由这样？想一想自由职业者，想一想咨询师。请给他们很好的项目，给他们丰厚的报酬，构建有趣的企业文化，并且始终为未来的合作敞开大门。记住，开放性是社会移动云技术的操作系统。如果某一天，一位明星级员工能够轻易地变成你的竞争者，一定要让他觉得，向你提供咨询、与你合作，或者成为你的自由职业者，更有吸引力，而且更加舒心安逸。

以这种方式来思考，有一种真正的好处：当你根据人们的绩效来提供报酬和奖励，并且让你的公司能够欢迎改变、欢迎新鲜的创意和新人时，公司将变得朝气蓬勃、奋发向上、蒸蒸日上。那种文化可以让优秀的人才欢欣鼓舞，怀着极大的热情去构建极富成效、增长势头强劲的公司生态系统。

你能阻挡潮流发展的势头，或者找到一种新方法来保卫陈旧的体系吗？无法做到。继续企图把员工当作囚徒来对待，这样的态度会让包括你自己在内的每一个人都陷入悲惨的境地。更重要的是，处在这个知识经济体系中的其他公司，将大力开展创新，将你远远地甩在身后。

## 关注结果而非规则

当我们进入现场或者亲自到生产厂家，便能够更加有效地解决问题时，为什么我们一定要坐在办公桌前呢？如果我们的工作任务主要是跟一个身处班加罗尔的团队交流，而中午12点到晚上8点这段时间沟通最高效，那为什么我们还是要遵循朝九晚五的工作制呢？如果我可以在美国波士顿的餐馆里，通过我的移动设备来观看视频，并且向创新团队发出批准的指示，那为什么一定要坐到位于英国沃尔瑟姆的办公室里呢？

关注结果，而不是关注规则，并不是工业时代的特征。在那个时代，按时上下班就能加薪或者赢得嘉奖。如今，公司按照完成的任务和实现的目标来衡量员工。移动性赋予了我们在任何时间和任何地点连接上网的能力，加快了这种变革。

有的人读到这里，可能会提出抗议："我可不想任何时候都连接上网！我不想无时无刻不在工作！"当移动性被错误地运用时，公司面临着让员工感到疲倦的风险，使得员工的工作效率不升反降。根据自己的日程安排来完成任务，这种灵活性并不意味着没有日程安排。注重结果，必须允许员工确定既符合他们需要的工作时间，同时也能实现公司的目标。这可以让那些出色的员工和自由职业者在你的公司待更长时间。顺便提一下，要根据员工是否能够实现这些目标，以及是否愿意实现这些目标来调整报酬。

假如要与全球范围内的劳动力保持联系，得在早晨更早的时间或者在晚上更晚的时间打电话，但那样做，应当给人们以更大的灵活性来安排一天的时间，以便他们有时间外出接送孩子上学，或者体育锻炼。

将员工分散化并且注重结果，也许是一些容易理解的概念，但它们难以在任何一家公司付诸实施，即使公司构建了积极的、容易适应新生事物的企业文化。不要畏首畏尾。如果你想推行一些变革，但不太确定该如何制定策略，首先迈出一小步，并考虑如何随着时间的迁移而发展、完善。这种变革的基础是建立测量体系，可以对组织中员工所做的一切任务进行考核——要记住，测量所有的任务！

下采购订单，付款给供应商，需要多少天时间？追踪观察这些，设定可待提高的目标，并且奖励成功者，将个人的任务升级为团队的目标、小组目标、分公司目标。

一旦你开始，你将希望建立自己的模式，以便从数据中获取信息，数据分析与你的组织目标有着重要关联。每一个决策都是对稀有资源的不可逆转的配置，因此，当它们是以数据为依据时，你便能提高自己的决策能力，同时，你为自己分散化的劳动力营造了更好的工作环境，因为他们可以看到，自己所做的工作与结果如何联系在一起。

第三部分

# 理解变革：
# 如何适应社会移动云

UNDERSTANDING
CHANGE: HOW TO
ADAPT TO THE SOCIAL
MOBILE CLOUD

# 第13章 理解变革

对地理学证据的分析表明，在两万年前，美国西北部和加拿大西部，曾被一大块广袤的冰盖所覆盖。地理学家称这个冰盖为科迪勒拉冰盖（Cordilleren Ice Sheet），认为它曾覆盖250万平方英里的土地，然后消融，形成了一个巨大的水体，即米苏拉湖（Lake Missoula）。这个湖泊曾被一个冰坝所阻挡，冰坝的位置是现在的克拉克福克山谷（Clark Fork Valley）。对这片区域以及周围的哥伦比亚峡谷与火山地带的研究表明，冰坝周期性的破裂、树立、再破裂、再树立，导致了巨大的洪水——冲刷着水渠、推动着像建筑物般巨大的卵石、挖出了一个个巨大的深穴，并且重新形成了俄勒冈州北部的地形，在这个过程中，有人估计共经历了40次大洪水。

想象一下冰冷的米苏拉湖以及湖面上漂浮的巨型冰块。一天，湖水安静、平稳。从西面刮来的一阵微风，温暖着北部地区冰层融化后形成的湖水。新鲜而寒冷的水沉入湖底，而较为温暖的水则上升到湖面。有些浮冰已经聚拢到一起，并且缓缓地冻结，成为一个大型的冰坝，使得湖水的水平面上升。然而，湖水表面较为温暖的水却在缓慢地融化着冰坝。在某个时刻，冰坝的一大部分融化了，出现了巨大的缺口，结果，随着数百万加仑的水从湖中涌出，平静的水变成了洪流。在冰坝附近漂浮的一切东西，都被带到湖面。随着水面趋于稳定，从冰坝融化出来的冰块就平静地漂浮在平缓的湖面上了。

## 间断平衡

我刚刚描述了间断平衡在地理学上的表现——平静的时期，中间间隔了灾难性大变革的时刻。现在，把世界设想成这样一个湖，我们以及组织如何运转的所有信念和期望，设想成漂浮的冰块。在平静的时期，这些信念温和地漂浮着，似乎很正常、很稳定。它们可能渐渐地移动或者改变，我们很容易认为，我们生活的这个世界，是一个平静而有序的地方。但当一种重大变革摆在我们面前，而且我们的环境出现了一段时期的突变，好比冰坝出现破裂那样，那么，我们的信念就陷入狂流之中。有些理念必须改弦更张，有些还得重新思考，有些将迅速消失，被新的理念所替代。这些新理念完全不一样，并且极具挑战性，直到我们适应它们。

正如从河谷中延伸出来的狭窄鸿沟，导致水和冰的混合，从而形成了冰坝那样，在我们的社会和公司中，有一些机制阻碍了我们变革的能力，也就是说，降低了我们适应变革的能力。我们不但没有表现出可适应性，而且，我们的组织和我们的信念，可能变得过时。一件难以理解的事情是：这种缓慢的、渐进的变化，例如，慢慢变得温暖的湖面上的水能够怎样带来巨大变革的时期——设想的均衡如何真正成为一种幻觉。要想成功地引导这一洪流，在于意识到这股温暖的水形成的洪流将造就巨大变革，而做好变革的准备。

以图书销售企业作为例子。这样的企业如今似乎受到了网店书籍销售以及电子书籍销售的双重夹击，发展步伐日益缓慢。这两种趋势，好比进入图书销售行业这个大湖的温暖的水。想象有这么一个虚构的地方，那里有五家书店平均地分享了当地的市场，满足了当地百姓买书的需要。随着人们更多地喜欢在网上买书和购买电子书籍，这股"温暖的水"的侵蚀使所有五家书店慢慢变得脆弱了。在某一时刻，一家书店挺不住了，最终选择放弃，关闭了书店（冰坝决口）。虽然总体的需求锐减，但是，已关闭书店的剩余的客户，如今被重新分配到另外四家书店来了。一段时间后，那四家书店实际上已经看到了业务在好转，因为第五家书店关门了，对余下的四家商家而言，看起来似乎新的客户仍然不断上门来。但是，潜在的力量依然在发挥作用，而市场仍旧在萎缩，最终迫使书店一家接一家地关门。

关于这个过程，另一个值得关注的事情是，它通常不会以均衡的步伐前进，而是遵循一个曲线，这条曲线起初变化缓慢，随着趋势获得动量，变化的速度慢慢加快，接着，由于变革进入到最后的阶段，变化的速度又慢了下来。与此同时，老一套的商业方式，其有效性已下降，而新的方式则遵循类似的规律，也就是说，早期的采用者欢迎这种新方式，但其发展速度较为缓慢，接着，由于社会主流开始采用，其发展速度开始加快，再接下来，后面大部分人迟迟不愿加入进来，其发展速度最后又慢了下来。绘制了旧的和新的方式在力量上逆转的图形后，我称这种现象为变革的双翼。

这个过程中最关键和最危险的部分，处于我用阴影表示的两个趋势交叉的中间区域（见图13.1），它同时也是快速加速，以及新趋势获得成功而随后旧趋势归于失败的时期。在这个时期，个人失去工作、公司走向破产，甚至政府最终垮台。同样在这个时期，工作岗位被造就出来、人们赚得财富、新的文明兴起。当然，这个图并没有企图显示任何一种变化的现实，实际道路要比平缓的曲线所表现的曲折得多。

## 创造性破坏与再造

经济学家约瑟夫·熊彼特（Joseph Schumpeter）把这段尖端时期描述为创造性破坏（creative destruction），这个术语后来被自由市场的经济学家广泛引用，流行开来，以指代这样一个过程：公司对自身进行再造或者被新的公司所取代，以应对行业内的变革。熊彼特自己曾得出结论，认为资本主义的创造性破坏周期最终会导致其作为一个系统而消亡，无论这样的结论是否正确，再造的过程已经在不同的行业中多次出现，这主要是由竞争性的市场变革而引起的，而这种市场变革，则是由技术变革、环境变化、全球化或者人口和民间社会的变革等导致的，参见图13.1。

一种流行的理论概述了某一技术怎样在某一群人中经历不同的被采用阶段。该理论解释了每一群采用者是如何以不同的方式来看待变革的。不同的模式，对这些群体来说名称稍稍不同，但总体来说，他们归为三个截然不同的群体：先行者（较早采用者）、多数采用者以及落后者（较晚采用者）。先行者对风险的容忍度很高，而且有兴趣成为意见领袖。随后的每一个群体，都有一些不敢承担风险和没有兴趣成为意见领袖的人。

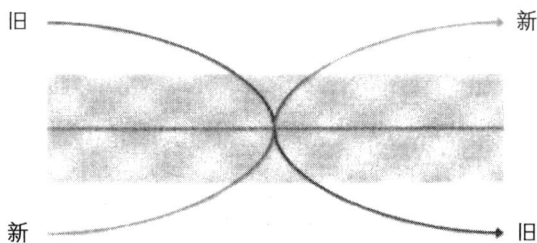

图13.1　旧模式加速衰落，新模式加速兴起

　　回到前面的米苏拉湖，我们可以把冰山视为落后者——在冰坝出现决口的时候，冰山一直在缓慢地移动，直到重力把它们拖入到已经出现缺口的冰坝，才不得已冲泻而出。我们要乐于承认和欢迎改革，才能避免成为行动迟缓的"冰山"。

　　这个小节，主要讨论为了在改革步伐仍在继续加快的环境中求得生存和发展，你和你的公司需要具备怎样的适应性。你和你的公司要怎样克服对失败和不确定性的恐惧？为什么你要拥抱改造整个世界的渴望，或者，至少要担心自己可能失去绝好的机遇？

　　在第14章，我们将探讨抗拒学习的问题——为什么有的人在某个特定的年龄，总觉得自己已经功成名就或者经验丰富，因而拒绝学习？在第15章和第16章，我们将探讨在系统思维中怎样采用全新的工作和思考方式。系统思维是一种解析和理解复杂问题的方法，以数据为依据的决策，将是我们克服基于直觉和经验的运营方式的关键所在。

# 第 14 章  放下我们对学习新事物的抵抗

在我们的学校和班级中，一场根本的变革正在进行——日益侧重于学习新的理念、宏观思考和决策，而不是侧重于记忆或者死记硬背的任务，并且意识到，不能根据某种单一的学习模式来对人的天资进行分类。

要理解我们为什么抗拒改变，在于理解并抛弃我们不良的学习习惯。"做一名终生学习者"这种似乎老生常谈的表达，在这个需要不断适应改革和挑战的世纪，有了新的含义。

克服对改革的抵抗，就要能够开放地去学习新事物，通过使用学习到的理念、感觉和记忆进而推动那种学习。不过，恐惧心理始终存在，因为我们是如此被教育的：问题总有正确和错误的答案，而那些答案，是已经确定了的，不能提出质疑。质疑正确的答案，就是将你自己置于可笑或错误的境地。因此，恐惧的情绪告诉你：不要质疑，不要挑战，不要违背别人的想法做事。

但重要的是理解，为什么那种恐惧情绪会在你打算学习某些新事物的时候弥漫在你的脑海之中。想一想我们为什么抵制改革，并在面临改革时改变我们的应对方式，是我们获得成功的关键。

## 抵制改革的四个原因

我们抵制改革，有四个主要原因，我喜欢把它称为HIDE，也就是习惯（Habit）、身份（Identity）、辩护（Defensiveness）和预期（Expectation）四个英语单词的首字母缩写。

**1. 习惯**。我们常常说，"这样做就对了"；我们习惯了我们平常做的事情，而且，事情也就是那么做的。这是一个声音，它在告诉我们，如果这样东西没坏，就别去修它。由于习惯而引起的对改革的抗拒，部分原因还在于我们认知自己的方式：我们总是最喜欢自己的方法，即使我们从来没有尝试过别的方法。

**2. 身份**。我们有这样一种趋势，那就是：由于自己的身份，即我们看待自己的方式，让自己对改革产生抗拒。这是一种顽固性的和有害的抗拒，因为我们强加给自己限制和标签。

**3. 辩护**。我们也常常认为，我们已经很好了，不需要某种改革了，那种改革暗示着我们现在不够好。

**4. 预期**。我们有一种预期，就是觉得我们会失败，因此，我们往往充满了恐惧。一直以来,教育机构给我们的负面强化是,错误地告诉我们哪些事情能做、哪些事情不能做,并且告诉我们,如果离这些机构教给我们的路线太远的话,我们将会失败。

通过了解上面这四种原因,我们可以在面临变革时不再逃离。当我们对改革产生抗拒时,可以提醒我们自己,障碍常常需要情绪上的调节,而不是表示能力问题。

## 习惯:让我们成为顺从的动物

我特别喜欢下面这一对习惯的定义:"一种已经采用的行为模式,人们经常遵守它,到最后,它几乎变成我们下意识的行为。"

我喜欢这种定义,因为我们通常认为,习惯给予我们控制和安全感,但认为习惯是一种下意识行为的理念,意味着我们已经放弃了我们的控制。

在生活中,总有些地方我们总是坚守在自己的舒适区之中,即使我们发自内心地知道,是时候开始改变了,也不愿意改变。对旁观者来说,这通常是一种有趣的现象。想一想那些仍坚持认为他们不需要用手机发短信的人,即使他们的工作和个人生活在不使用这种通信方式的时候确实很不方便,他们依然认为,自己不需要在手机上发短信。有些人不会改变自己的态度,而且为自己的这种不改变而感到自豪。他们对自己说:为什么要变呢?他们觉得,如果开始发短信,好像会被他们自己的游戏所抛弃。

这种现象还涉及什么？其实，在某种程度上，我们都是这样的：有的作家声称，打字机或钢笔和纸最适合他们，即使他们没有备份过的手稿在一场意外的大火中被烧毁、被一场大雨淋湿、被一只淘气的狗咬坏，或者被不小心打翻的咖啡弄脏了。他们不得不给那些录入手稿的人报酬，因为所有的出版商不再接受用打字机打出的纸质手稿了。或者，想一想那些仍然在购买昂贵CD，而不是方便地将歌曲下载到电脑和音乐播放器中的那些人，即使他们声称自己坚决反对环境污染。

我们常常由于习惯的原因抵制改革，但是当环境改变了，技术改进了，某件事使得生活变得更容易了，就要求个人行为有所改变，以便我们能与改变的环境相适应。这常常是某项明显让很多人的生活变得幸福而高效的发明，常常是因为工作或社交的缘故所必需的东西。

尽管改革可能带来这么多正面的地方，但很多人仍然认为改革是"修理一样并没有损坏的东西"，认为改革是没有必要的。我们对改革的抵触，部分是因为我们喜欢习惯某些事情，因为它们让人很舒服。"习惯"这个词语，虽然它在某种程度上表示舒服，但也意味着一种惯例：让我们不去考虑与新事物相联系的各种可能性，只喜欢原来的行为方式。最后，我们只与原有的方式相联系，意味着我们不再成长。

在孩提时代，我们一般不会喜欢某样东西，然后一直喜欢它。

相反，父母们不断地告诉孩子们，如果他们想尝试做一些事，得坚持做下去。但孩子们常常很开放，容易接受并尝试任何新事物（这也有一个例外，通常情况下，孩子们不喜欢品尝新的食物）。孩子们很容易让一样新的东西来替代他们在五分钟前觉得是自己最喜欢的东西。他们知道，他们还是会喜欢原来的东西，或者至少还会喜欢原来的想法，但同时他们也将精力投入到新事物当中。孩子们不会把旧事物和新事物看作是相互排斥的，而是看作相互累积的。旧事物与新事物并没有相互威胁。

作为成年人，我们通常让习惯界定我们自己。有意思的是，虽然大人比孩子更多地采用线性思维，但当变革发生时，我们看不到学习新技术有这种逐渐累积的特性，因为人总是情绪化地看待这一问题。

## 身份：自己局限自己，导致不可避免的危机

当我们还是小孩子时，父母和老师开始给我们贴上一些标签，以此来定义我们。对那些有兄弟姐妹的人来说，这些标签听起来很耳熟：他是个聪明的孩子；她的社交能力很强；他的运动天赋很好；她的数学学得很不错，是个谨慎的孩子；他真是活力四射；她很有艺术素养。这些表扬的含义是：你拥有一系列的优点，但你其他方面的才能却较弱且意义不大，导致的结果是：你可以听到孩子在其他较弱领域关上了自信的大门。

如果你是一个孩子，你身边的大人总是认为你是某一类型的孩子，不是另一种类型的孩子，那么，等到你长大后，你会把那些局限强加在自己身上。我们都这样做，而且很多人，特别是在家庭聚会时，甚至拿这些来开自己的玩笑。当我们在家庭聚会上嘲笑自己的缺点时，我们就是在限制自我的身份。要有适应能力，光理解我们为什么限制自己还不够，还需要再进一步，打破强加给自己的各种局限。

给孩子们贴上标签，潜在的危害在于：我们人类是以不同的速度来学习各种不同技能的，因此，当孩子们的身体和大脑仍在发育和成长的时候，就给他们贴上各种各样的标签，是完全没有道理的。想一想美国把孩子们合法饮酒的年龄提高到21岁的科学依据。有研究表明，青少年的大脑，并没有充分发育到足以管控自己的行为或者能够做出可靠判断的地步。然而，公立学校中的孩子们刚到9岁，我们就给他们的能力贴上各种标签，此时，距离他们的大脑完全发育，还有十多年的时间。只有等他们到了19岁以后，我们才能较为准确地评估他们的优势和劣势。一个很有运动天赋的孩子，也许对智力游戏很感兴趣，智商也同样很高，只是他的身体能力首先发育罢了。

想一想，当成年人根据环境来审视自己，并给自我贴上局限的标签，这是多么危险的一件事：前面提到过的作家，那位总是用纸和笔来写作，并且每月付给别人一笔录入费用的老兄，认为自己身上有老式、复古的特性。我们总是赋予自我局限积极正面的特点；要不然，如果我们觉得自己的局限没有任何积极的一面，那么，我们将彻底地陷入沮丧之中。还有一些类似的例子，比如不想学习在电脑上进行图形设计的艺术家。正确面对这种崇古守旧的态度是至关重要的，因为它直接影响到人们谋生的能力。

刚刚列举的两个例子中的作家和艺术家，身上都有卢德主义的影子。卢德主义者当时的影响十分深远。内德·卢德是19世纪初英格兰莱斯特郡的一位纺织工人。从1811年到1816年，卢德组织了数次破坏最新最先进纺织机器的运动。他破坏机械设备的原因是什么？卢德非常确定，机械设备的出现，意味着工作岗位的数量大大减少。

两个世纪后，我们在情绪上没有任何改变。没错，卢德的担心是有道理的。技术替代了体力劳动，这是一种正迅速发生的革命性变革，而今天的体力劳动者，必须经历个人的革命性变革，以适应这种新的劳动方式。如果继续按照目前这种趋势，只需20多年的时间，体力劳动者就业岗位的数量，将会得到极大的削减，从大约占总就业岗位的50%，降到10%。人们必须学会用大脑而不是用肌肉来劳动。好消息是，学会用我们的大脑工作，对整个人类来说是容易做到的。善于从事机械工作的青年，可以很容易地将他的这种天赋转变为脑力天赋，通过花足够多的时间去摆弄电脑，就好比他花时间去摆弄汽车，最终成为修车的行家里手一样。

新的技术可能夺去一些工作岗位，让那些从事体力劳动的人失业，但是，它为新行业的诞生铺平了道路，而且催生了大量技术含量很高的工作岗位，提供给那些获取了新技能的人。当你可以依靠大脑而不是肌肉谋生时，你的谋生本领就拥有了更长的生命周期。对蓝领工人来说，一旦年岁大了、受伤了或者只是疲劳、疲倦以及身体的不适，都威胁到他们的生计和生活标准。

对于那些擅长干体力劳动的人，改革期间将会是一段有趣的时光，因为他们将变得更加多面、丰富，甚至更有创造性。这是因为，在他们能够用机器完成工作之前，他们已经能够手动地将自己的理念展现出来。这是一条从体力劳动者转变成艺术家之路。

现在，让我们更深入地查看，将限制性标签贴在你身上，究竟带来了什么样的影响。如果你曾想过马上治疗这种对改革的害怕情绪，以免成为一名地地道道的卢德主义者，那就到英格兰旅行一趟，看一看即使是最富裕的国家和君主，在300年前是怎样生活的。那时的条件比今天的第三世界还差。在美国，想要有同样的体验，可以参观一下乔治·华盛顿的房子。你希望像他那样生活吗？看到这样的全景可以帮助我们认识到做出小小变革是必要的。在多数情况下，我们只需要一些小小的变革，而正是这些微小的变革将发展成全景宏观的大变革。我将在第15章解释这一点。训练自己以全景视角来思考，将帮助你消除对微小递增式变革的恐惧，而且还有另外一个好处：减轻我们由于信息过多而感受到的压力。

也许最重要的事情，当环境改变的时候，我们也必须改变我们的方式，这并不意味着你必须放弃你的信念体系，或者放弃你对自己行为方式、身份的热爱。你只是在做你喜欢做的事情的同时，添加了一些东西。你只是延展拓宽了，延展拓宽会让你保持年轻，而且更幸福。

一个仍然通过即时对话，而没有采用发短信来沟通的人，可以尝试着采用一种新的态度：

我不一定非得喜欢发送短信息，但现在，我的朋友、同事，还有我的小孩，都以这种方法为他们主要的通信模式。如果我想和人们保持联系，那些人更喜欢用实时的速记形式来写东西，那么，我可以和他们发短信。这并不会让我远离现在的自己，只是给我和别人的互动增加了一个维度，提高了我沟通的技能。

理解为什么有些人喜欢发送短信，也许会有所帮助。可能有些人不喜欢用电话，而如果使用电子邮件，又因为它并不是同步的，所以显得太疏远。后来，他们欣喜地发现，原来还可以用短信的形式来沟通，以便更好地表达自己。这种现象，以前一些东西本来用得很好，突然之间变得不够好（比如语音电话），往往是因为出现了一种新的选择，而这正是人们长久以来极度需要的，但以前却一直没办法做到。有些人生性害羞，或者觉得在电话里没办法清晰地表述自己的观点，但长久以来只能依靠实时电话交谈来沟通，然而，电话交谈对他们来说并不是非常有效的交流方式。在这个时刻，有一样东西（短信）能满足他们的需要，于是他们一下子就用上了。
而适应能力此时是非常令人愉快的，因为你找到了个人问题的解决
方案。在我们的时代，个人做出改变，往往是为了满足你的需要，
一种适合你的表达方法，去寻找合适的学习工具。

如果你憎恨发短信，但是，有一位聋哑人或者听力不足的人进
入了你的生活，你会很厌恶来来回回地跟这个人发短信，并且把这
种方式作为主要的沟通方式吗？当然不会！想一想短信息对于听力
障碍者来说是一项多么伟大的技术进步吧！也许迄今为止，再没有
任何一项发明能够在这个领域给残障人士如此大的帮助。你可以真
正地跟聋哑人交流，而且，如果他不告诉你的话，你根本不知道那
个人是聋哑人。一旦我们发现他人的需要是合情合理的，我们便不
再抵制改革。

抗拒改革，通常是关于我们自己的判断，以及当别人的行事方
式与我们不一致时，缺乏对他人行为方式的尊重。作为父母，我们
就常常对自己的孩子这样做。孩子是我们自身行为的一面镜子，能
够照出我们的缺点，以及所有的一切。我们通常看着孩子做一件事，
然后批评他们，让他们停下来，即使他们是按照被期望的方式完成
这项任务。

有一位网络管理员今年45岁，非常聪明且工作能力很高，但他
以前患过注意力缺陷障碍（ADD）。他告诉我说，他小时候做家庭
作业时，父母从不让他看电视。父母觉得那是一种坏习惯，因为电

视是用来娱乐和消遣的，也担心其他人会怎么看这一行为。这对父母给孩子的整个身份强加了负面的联想。

但是，正因为这位网络管理员平时坐不住，加上患有注意力缺陷障碍，他发现，一边做家庭作业一边看电视，对他很有帮助，特别是由于他经常对自己的家庭作业感到厌烦。他说，如果他真的很烦，又没有别的东西能够吸引他大脑的注意力，他就根本没办法开始做作业。但一旦电视机开着，稍稍有点让他分心的话，他反而可能很快地完成家庭作业。

他自己明白了这一点，通过运用环境中可用的东西（特别是技术）来满足自己的需要，最终解决了问题。如今，倘若他正在进行一项让头脑麻木的管理工作，这是一项他必须要做的工作，不管他喜欢与否，他都会在工作的时候打开一个社交网络页面，一边工作，一边聊天或者阅读。他需要对某些事情保持兴趣，其实那并没什么错。有些父母直接告诉孩子们，不能一边做作业一边听音乐，或者一边发短信，或者，必须等到作业做完才能弹吉它，而事实上，如果孩子们能完成作业，为什么一定要禁止呢？他们通过使用满足个人需要的各种工具，来满足环境对他们的要求，那些工具可以让他们变得高效且快乐。

有时候，我们做出判断，是基于担心我们在别人眼中是如何的，而这正是我们陷入自己情感虚伪的陷阱。我们判断自己喜欢什么和相信什么，不是根据生产力、幸福或者其他测量个人成就的指标，而是根据别人会怎样看待我们。

我们这个不断变幻的世界，它让人着迷的地方之一就是：我们的特别之处常常能够被接纳。我们所有真实的身份与特点，都是可以接受的，不是必须要符合某些严格的范例。我们都有与众不同的特殊地方，拥抱那些特殊性，而不是成为乌合之众，对我们的帮助更大。事实是，不断变幻的世界接纳了我们的特殊性，同时对我们提出要求。如果我是一名注意力缺陷障碍的患者，并且需要中途看会儿某些让我分心的东西，才能沉下心回到工作中去，我不需要任何更聪明的人的帮助，也能做到。我不一定非要起来、四处走动，分心或者打断别人。即使注意力缺陷障碍的行为是明显可见的，如果我们使用一些工具来让自己富有成效，也是可以接受的。

接受变革最大的好处是，投资回报很快到来。有的人即使需要发短信，也拒绝这样做，即使是这样的人，当他开始发短信时，只需几个星期，他就不会再记得他之前怎么可以在没有短信的情况下生活。想一想手机。我曾有一位同事，让我到机场去接他，结果在海关过关的时候遇到了问题，因此延迟了。如果他没有手机，就无法让我知道当时出了什么状况，我也就无法调整他的行程（让别人知道他已经被耽搁了），这可能会引起其他人的担心，让别人一天的生活陷入混乱，并且浪费很多人的时间。但在手机问世之前，人们当时遇到这种情况，是怎么做的呢？这个问题可能会有多种情况，不过最好的答案可能是：很庆幸，我们不需要再去找那一问题的答案了。

当改革已经迫在眉睫，但你由于喜欢目前的行为方式而拒绝改革时，这么告诉自己也许是最有用的：回顾一下三个月前，想想用老方法是如何做这件事的。

要克服自我设限，有一条重要的秘诀：一种关于90天的说法。在90天之内，我们的人生观可能改变，因此，任何你做的改变，给三个月时间，三个月之后，再决定你对这一改变的看法，但在这之前不要做决定。

任何　种新的生理习惯，比如全新的体育锻炼计划或健康节食计划，都要90天时间才能见到真正的效果。如果你跟某人的关系破裂了，但不太确定是不是真的想结束这种关系，等90天，然后看看你自己的感觉。在那个日子到来之前，不要相信你的感觉，因为那时的感觉，可能是恐惧或是习惯，并不是你真正想要和需要的。这一道理同样也适合一项新的工作。找到一份新工作，和新同事之间建立新的工作关系，其学习曲线的形成和自己各方面的调整，都需要花时间。在干满三个月之前，不要轻易下结论说你不喜欢这一新工作。

关键点在于，你是无法看清楚的，除非你做出改变，适应改变，并且用一种全新的视角回顾改变之前，这里存在一个为期90天的自然节奏。

在这90天中，潜藏着尝试新事物的练习。试着做一件新的事情，持续做90天。看看你是不是依然怀念以前的日子，或者，你还是你，不过更轻松、幸福、更有成效。观察一下，由于你行为的改变，都有些什么闯入了你的生活。如果在90天之后你依然不喜欢，就别再做下去了。

### 辩护：用本能反应来防卫

我们保卫个人的力量，有时候，这种保卫反而让我们受到损害。想想"完全有能力改变，但就是拒绝改变"这种情绪，你是怎么感觉的。不要想，而是感觉一下。当朋友对你说"来吧，这种新方法更好，你可以用这种新方法。你一直沿用的旧方法并不是那么好，为什么还要坚持呢"的时候，你的第一反应是什么？

如果它激起了你反叛、反抗权威的情绪，那么，你不是孤身一人。如果它让你觉得，不管他说什么，你都觉得他是在蔑视你、侮辱你，那么你也不是孤身一人。我们所有人都如此，即便我们在本能的反叛中也存在从众心理，就如在盲目追随潮流存在从众心理一样。本能反应（knee-jerk）这个术语来自医学界。医生用一个小锤敲击病人的膝盖，以测试病人的反应。这种反应的问题在于，它与深思熟虑是相反的。

在正确时间、正确问题出现的本能，是人类赖以生存的强大、正面的本能。以自己的方式做事、找到自己的个性，是人类精神、聪明才智、产生创造发明的思维能力的表现，它也能制约与平衡从众心理。

而反对变革的本能的问题在于，它通常是一种不当的抗拒，而且实际导致的是剥夺了个人的力量，而不是保卫个人的力量。想想下面这个例子，它可能在办公场所的任何一天发生：

经理走到一个员工面前，告诉她：从现在开始，每周汇报已完成工作的报告，需要用一种不同的格式提交，必须递交电子表格，而不是一份叙述式的文件。对于每一项任务，需要有一栏记录任务是什么，第二栏记录最新的进展情况，第三栏记录团队中由谁负责该工作。员工发懵了，因为她真的不知道怎样使用电子表格，因此立即认为，这将花更多时间，制作每周工作报告需要一个学习周期。她还会认为学习电子表格的使用方法，贬低了她的身份，因为那是秘书做的事。

但那种抗拒，既涉及员工对自己学习电子表格的担心，也涉及对不能用原来那种叙述式工作总结的担心，因为，如果使用电子表格，看起来她并没有做太多的事情。而且，使用电子表格来报告，不是她一贯的工作方式，因此，她认为她将对自己的工作流程失去控制。她的第一个反应是："这将会很糟糕，我将做得很差。"（你开始发现，我们习性中的每一个要素如何与HIDE相互交织。我们之所以辩护，那是由于习惯、一种被误导的身份感，以及认为事情终将失败的预期。）

在要求我们改变的时候，我们全都没有意识到的是：我们最有力的应对措施，便是尽快掌握新的技能，然后加强适应变革的力量。在前面的例子中，员工现在必须把完成的工作任务转到电子表格中。可以想想这一点：一旦她制作好那样的电子表格（这会比她想象的更快一些），她将找到一种让自己效率高得多的工作方法。例如，她可以将任务分解成几项子任务，而那些子任务马上就变得形象化了，便于她的老板接受与理解。再想一想前面那个发短信的例子。有些个性害羞的人，对发短信感到非常自在，对面对面的交谈和电话交谈感到不舒服。和他们一样，也许这个老板阅读速度较慢，阅读理解能力也较差，但看图理解的能力却很强，那么，员工如果能给老板画一张图，让老板便于理解，就会突显员工自身的优势。

如果某人能用叙述式的方法做好工作汇报，那么她也能够完成电子表格，甚至做得更好，呈现出令人叹服的论据，吸引那些注意力持续时间更短的人。通过从宏观层面上观察事情进展、将每个人的观点都考虑进来、电子表的广泛使用（因为每个人都可以学会），员工将获得力量，而不是失去力量。

如果你自己的职业生涯中有一个相似的例子（我打赌一定会有），**试着首先改变你的态度，然后改变你做某件事情的实际方法。**

如果你以开放的态度愿意学习，你会发现，任何新的格式都有它自身的长处和优势，新的方法会让你节省时间。

适应，并不是服从于任何权威，不需要你毕恭毕敬屈从于任何人。相反，它授予你权利，可以调整自己，以求适应新的环境，就好比为了不被风吹雨淋而建房子，或者通过不再污染环境而停止全球变暖的步伐。聪明人不指望环境适应他们，而是他们努力去适应环境。如果不这样，你会损害环境，最终伤害你自己。

抗拒改革的因素之一：害怕自己是否有能力学习新事物。在那位员工的案例中，不要低估她对学习怎样使用电子表格的恐惧，她害怕自己不能像写叙述式总结那样熟练地使用电子表格。

## 预期失败：我们为何如此害怕

变得具有适应能力，唯一最大的好处也许是将我们自己从持续的恐惧中释放出来。不幸的是，我们生活在一个制造恐慌的社会之中，没有人能够不受其负面的影响，而其中一项恐惧是我们都害怕学习新事物。我们害怕失败，害怕我们必须面对自身的局限。如果我们不接受新事物，我们可以只说我们从来没有尝试过。

但那不是说我们不能克服恐惧情绪，我们可以克服！我们只是需要理解，我们有多么害怕、为什么害怕，以及因此有多么怀疑自己。一旦我们揭开了这层神秘的面纱，就可以驱散这种情绪。

我们可以选择一些不同的、适合自己的方式来学习。如果学习方法适合于自己，我们绝对可以学习任何新事物。采用一种新的方法，最重要的是摒弃消极和害怕的情绪，绝不再预期自己会失败。改变我们对学习新技能的想法，取决于我们自己，其中的第一步就是消灭恐惧。这是可以做到的。

智力是上天赐予你的礼物，将它想象为你大脑中一个空空的巨大工具箱。知识是其中的物质，你可以收集它们来填充那个箱子，你可以获取任何想要获取的知识。对你来说，什么是学习某件事情的最佳方式？想象一下，每个工具箱都有一把不同的锁。你只需找到那把合适的钥匙。你是一位倾向于视觉的学习者吗？还是对触觉最敏感？如果你现在还不知道，现在已经有方法可以找到答案。而如果你知道了，比如，你是一位对触觉最敏感的学习者，正在试着学习一项新技能，没人能够马上手把手地教你。但不要绝望。现在，如果你需要的话，会有很多工具为你带来触觉体验。

也许学习新技能最重要的方面，是以一个开放心态，并在你所需要的东西上面态度肯定，这样你才能高效轻松地学习某项技能。需要工具没什么可耻的，新的充满活力的工具就在这里！要知道，现在是21世纪了！

首先要从提问开始，你可能想问自己的第一个问题是：我到底要学习一些什么新事物？一旦你想到自己需要学习的东西，便可以开始寻找你所需的工具。如果你有一台智能手机，就可以轻松地运用你的数字动觉，一头扎进全球化的网络进行学习和研究，在那里，有各种各样的工具和理念供我们学习。当你身处其中之时，加入一个由志趣相投的人组成的社区，从中获得反馈。

首先，在你的智能手机的教育类别中搜索app。以下是一个智能手机上的app列表：游戏、娱乐、公用工具、社交网络、音乐、生产力、生活方式、参考资料、旅行、体育、导航、医疗保健和健身、摄影、财经、商务、教育、天气、书籍、医疗。在这里有一个完整的世界，有一幅学习的路线图，就在这里只需点击一下，就可以开始学习了。

## 火车、电话、留声机：曾被大肆攻击的发明

如果你在学习过程中遇到了自我怀疑的情形，那么，请看一看几项技术在问世之初遭到大肆攻击的例子。如今看来，当初大肆攻击这些新技术的人，跟白痴没什么两样。比如，猜猜人们曾认为哪些技术将导致死亡和无知？火车、电话和留声机。

时间给了我们新的视角，再没有什么像视角那样给我们以启发了。注意，这些攻击全都是基于恐惧情绪的。

● **坐火车旅行。**大约两个世纪以前，在英格兰，现代铁路系统的原型已经问世，以蒸汽机这一更早期的发明为基础。到铁路的概念传到美国的时候，与传统的交通工具相比，坐火车能够"日行千里"的优势已经十分明显，更何况，坐火车旅行，还可以轻松地携带大量的行李。但尽管如此，很多人实际上仍在抵制铁路，怀疑坐火车旅行到底行不行。当时，能够以每小时超过40英里的速度旅行，让全社会感到极大的震惊。感到震惊的甚至还不只是外行人。19世纪早期，有些科学家坚持认为，人类的骨骼系统在那样的速度下旅行，可能会变得粉碎。

● **电话和留声机**。电话和留声机的引入，人们当时都说这两项是非常恐怖的发明。当时，人们真的害怕，他们将永远不离开家门了，也担心录音意味着人们不再学习如何阅读。

## 21世纪成功所需的关键技能

我们已经谈到，在21世纪获得成功所需的关键技能：创造与合作。我们都具备学习的能力，只是有时候以不同的速度去学习不同的事物。同时，我们以不同的方式，激发我们的智力，以便在需要创造性的岗位上获得成功，这些岗位可能是21世纪最重要的，也是报酬最高的。

很多教育机构正着手研发新的学习模式和新工具。这些新的工具、途径和方法，最终将改变教育机构中的学习，它们让我们只需在连接互联网的电脑上点击几下，便可以享用到这些资源。我们只需保持我们的好奇心，并且不断探索便可。

想一想孩子的好奇心和他们自我引导的态度，并且再次运用那样的态度。保持好奇心，会帮助我们不断地学习。孩子们之所以适应能力这么强，因为他们脑海里对学习这个过程，并没有一个预先设想的理念。

即使在互联网访问变得无处不在之前，在教育中运用电脑，已经表明了老师与学生之间的关系将变得更加注重合作。用电脑教学，直接可测量的积极成果包括：提高了学生学习的动力和自尊心、强化了技术的技能、可以完成更为复杂的任务、与同学之间的合作越来越紧密、更多地使用外部资源、提高了设计技能,并更加关注受众。

## 持续学习:不进则退

在我们长大后,发生在我们身上一件最为有害的事情是:我们开始熟练掌握某些事物了,比如完成任务、掌握自己所学的知识和专业技能,接下来,我们便不再学习其他事物。我说这样有害,是因为这样虽然传递了我们的自信心,增强了我们的自我价值,但也让我们觉得,学习某些新东西的回报减小了。然而,要在一个不断快速变化的世界中取得成功,我们既要乐于学习新事物,也要能够连续不断地学习新事物。

有位员工如今在我曾工作过的一家公司里工作,她抱怨说,公司要求她学习使用一种新软件。她说,那项任务是公司里薪酬远比她低的人应该做的。这一评论,暴露了人们在学习新事物时会受到经济因素的影响:如果由于某种类型的活动受到极高的回报和奖励,那么,我们往往会避免去从事那些回报不那么高的活动。我们会安排其他人来做这些工作,而不是去学习如何做这些工作。这样导致的结果是,我们对技能的了解更少,而这些技能实际上是相互关联的。

但在这名员工的反应中,另一个因素也十分重要。要求员工学习这种新工具,是一件棘手的事情,虽然对员工来说是一次学习机会，但对那些在工作中很有成就的专业人士来说，觉得学会使用软件，并没有什么成就感。突然之间，她觉得自己像是一个新手了，什么也不懂，而本来，她在工作上应该算是一个专家。

当我们关注使用互联网的各种统计数据时，发现在使用互联网是落后还是已经用得非常得心应手方面，存在年龄上的差异。针对这种现象，一个解释是年龄在45岁及以上的人们，往往在事业上提升到了较高级别，因此没有太大的动力去学习新技能。那些已经熟练掌握了某些岗位，但发现那些岗位正在逐步被淘汰的人，一定要加入学习的队伍，即使他们认为学习降低了他们的身份。

还有就是退休生活中的闲暇时光会增强人们学习的主动性。这个时候，正是玩最新高科技产品的时候，而且，为了跟孩子们或孙子孙女们保持联系，也有动力去学习。再说，不存在降低身份的问题了。这不同于说服职场中的人们改变。

我听到的拒绝学习新技术的一个常见借口是，我曾称为"落后者"的这群人宣称，他们没有时间学习新技术，或者没有发现使用这些技术有什么意义。无论是手机的某项新功能，某种新的社交网络，还是学习怎样录制和编辑音频或视频文件，这些人如果花些时间来学习新工具，都可以极大地提升他们的专业地位、提高他们的绩效，并且增强他们个人的工作满意度。如果你发现自己在说自己没时间，或者没有发现学习新技术的意义，可以看得稍稍再深入一些，而且，只要想一想那可能是一种恐惧情绪，说不定就会改变这种想法。

我在职场中观察到，那些成就较高的人，常常请求别人提供帮助，而不是自己花时间学习新事物。我以前曾提到过这一点，但在这里重复一遍，我们都有能力来学习。人们常见的一种错误想法是，在某个特定的年龄上，他们以为自己没有能力来学习了。这些人会这样说：如果你不在童年时代学习外语，那就忘了这件事吧，你再怎么学习，也不可能流利地讲那门外语。虽然，也许过了13岁后要流利地讲一门外语，得花更多时间，付出更大努力，但是，不管怎么说，只要持之以恒地学下去，流利地讲一门外语，并非遥不可及。

然而，尽管我们想要知道的任何事情，几乎只需敲几下键盘便能解决，但我们是在一种总有一些专家（老师）成为我们指导老师的学习环境中长大的，我们总希望身边有个人教我们。更糟糕的是，我们通常觉得自己不需要学习，因为我们已经是自己行业的专家了。

与此同时，那些已经适应了全新的信息时代的人们，变成了别人的老师，只是因为他们知道怎么使用搜索引擎。事实上，网络上越来越多可用的链接，使得我们可以更方便、更快捷地联系专家。在某种程度上，教育过程已经完全转向了在线：自学已经超过了从指导老师那里获得帮助。自我主导的学习的另一个好处是，学生参与到学习的过程，他的学习过程与自己的利益休戚相关，学习不再是别人日程上的事。让我们把那一理念也放到职场中来：任何时候，只要员工在业务中有了自己的利益，他们的表现会更好。

这恰好是人们开始使用工具的原因，借助这种自学，他们获得了更多面、经济划算的全新教育。他们开始在网上搜索。遇到问题时，他们搜索别人的博客和论坛，以便寻找在这个主题方面有经验的人们。在线教育提供了各种各样的观点，教我们怎样识别判断、分析研究，同时让我们记住，所有的权威方，都只代表一种观点，并非代表知识。这也提醒了我们，只是简单地吸收和机械地模仿，并不是真正的学习或思考。在线获取知识的过程，鼓励我们原创性地思考，因为我们必须将自己的创意放进去，与我们在网络上找到的信息综合起来。没有哪一种见解和观点应该压倒你的思想，或者对你产生一种无法抵挡的影响。当你拥有这种理念时，你会发现你的自信心一下子飙升了。当你信任自己时，你的想象力和好奇心就开始发挥作用。而那正是你开始真正欣赏你自己的时刻。学习新事物、采用新方法，也许开始成为你不可或缺的一项爱好。

迄今为止，我们已经讨论了为什么你不必觉得你的能力有限因而无法适应技术革命，无法享受到技术革命带来的巨大好处。现在，我们将把那种能力真正投入到实践中去。

# 第 15 章　系统思考

有人说，一台和人下象棋的机器，就是典型的系统思考者的定义。系统思考者从宏观的层面上来观察事物，不拘泥于细枝末节，适应形势的能力极强，而且善于学习。系统思考者是能够做出伟大的人生决策的那种人，因为他已经将未来考虑进来，而且分析和规划了实现目标可能的最佳路线。成为一位系统思考者，要具备一些怎样的素质？为什么和人下象棋的机器具有系统思考的能力？也许更重要的是，即使你并不是一位优秀的棋手，你能学到这种素质吗？

对后面这个问题的回答是肯定的，分析象棋棋手的全局观，有助于你形成类似的特质。

## 观察事物整体

优秀的象棋棋手，不会只观察单个的象棋棋子，而是观察整盘棋的形势。他们运用认知心理学家称为组块（chunking）的技巧，从总体上来观察局部，认识各个棋子之间的关系，然后根据这些关系来决定该怎么走下一步（决策）。运用这种方法，他们能够在头脑中解决一个复杂的信息处理问题，即使是最强大的电脑系统，也难以做到这样的处理。棋盘上的棋子各种可能的下法的交织、组合和排列，实际上已经超出了常人理解的范围。赢棋，取决于根据已经识别出来的规律，从几乎无穷无尽种可能的下法中找出最佳下法。

从根本上说，这是为了最佳决策而运用系统思考的方法。每一个棋子的移动，都好比一次决策。下棋时，先观察局势，然后思考局势，理解一盘棋有开局、中局和残局之分，并且在任何时候都密切关注着局势的变化（除非你一开始就想着赢棋，否则，你不可能赢），而这正是系统思维的典型例子。**象棋是人生这场游戏的经典原型，是战争在游戏中的表现形式，也是萦绕在数学家和将军们心头的各种未解之谜的原型**，因为它如此复杂且完美地带有隐喻性。每一步棋下出之后，下一步棋都改变了。

在本章和第16章，我将讨论这种宏观的分析思维与制定决策之间的相互关系。基于全局的制定决策的方法将使你受益，因为你（或者你公司）在任何情况下选择最好的下一步走法时，你都会在脑海中保留全局观。

我会经常结合起来谈论这两种活动，因为它们之间存在因果关系。如果没有系统的思考，你便不会有优秀的决策，而系统思考的总体目标，就是为了更好地决策。

为了做到系统思考，你不仅需要了解当前面临的局面，还要理解当前局面将发展成什么样子：每一个决策的后果、环境本身的动量和特定的动态，以及其他人的因素。那就是象棋，那就是你的工作，那就是你和其他人的关系，那就是在全局中、你生活中包含的每一个要素。这种思考方法，也就是我们所知道的"要见森林，而不是只见树木"。

那细节怎么办？即使是军队中最杰出的将军，也不能由于整支部队的使命而忘记单个士兵。他一方面要制定有助于军队实现目标的决策，另一方面保护自己的士兵。没有了士兵，也就没有了军队。

你得把面临的各种细节考虑到宏观的局面中去。在现代社会，有太多的细节需要放在脑海中，需要随时按需拿出来分析。如果你不掌握那些能为你保存细节的技术工具，你将很难适应。当你信息超负荷时，你将不可能进行系统思考。如果在这个时候，你依然对诸如智能手机和云服务之类的工具心存抵触，想想你自己的生活。打个比方，假设你是一个普通的公民：你有两个孩子，他们各自参加了体育运动队，有各自的家庭作业要完成，你有一份很费心的工作，每天都要通勤上下班，你依然得去商店购物、做饭、承受经济上的压力，并且要让你的生活井井有条地过下去，同时，你还要应对工作和生活中的各种危机。这个清单还不包括朋友、亲属、出了故障的家电、需要修理的汽车、医疗问题等。

还不只那些，当人们这样问你的时候，你怎么回答：你觉得1年后、3年后、5年后、10年后的自己，会是怎样的一种生活？如果从现在开始的10年后，是你事业规划的最后阶段，那么，你的目标是什么？你今天要做些什么，才能达到那样的目标？（回答这些问题并规划一项策略，是你应当欢迎的重要事项）

你也许大笑着回答说，即使有了适当的工具，如果不出现重大故障，你每天忙碌到晚上，就已经心满意足了：你的生活过得安逸，衣食无忧，身体健康，没有什么烦恼。而你认识的生病的、受伤的或被解雇的人里，没几个人能像你这样。你可能会说，你哪里还有时间，使达成目标的步骤得以减少？

这就是我们迄今为止已经谈论的一切事情（社会移动云的技术）发挥作用的地方。想象一下运用智能手机等技术，通过即时地访问这个世界共同的知识库来增强你的记忆，以便你可以在相对较短的时间内学会你想要知道的任何事情，你感知的能力得以加强，你可以实时访问有关周边环境的信息。

等等，这看起来更糟糕了，不是更好了。你可以获得更多的信息。突然之间，你面临着专业象棋棋手面临的问题：过量的信息摆在你的面前，你必须一一进行评估，以计算最佳的下法。

这本书涉及的主题是关于变革，因此，为了让你能够获得清晰的系统思考，我建议你要做的第一件事情是改变你观察信息的方式：**首先关注大局和目标，并且关注能帮你抵达目标的细节。**你必须知道，而不仅仅是相信，你的目标是可能实现的。接下来，当你在访问数据的时候，就有了一个焦点范围，访问那些给予你支持的数据，而不是一下子访问太多没有关联的数据。

即使是遇到了某些没有关联的数据，或者是与你追求的目标相冲突的数据，局面依然可以管控。即便你需要略微调整路线，以便达到你的最终目标，你依然还是能够实现目标。如果你发现通向目标的路径最后表明并不可行，你不用立即说它失败了，我必须彻底放弃那个创意。相反，应当这样回答：我需要一个新的策略，来确保我实现最终的目标，然后，着手设计新的策略。

## 转变焦点

正是在这种从过量的信息中摆脱出来以及转变关注焦点的过程中，我们发现象棋高手所知道的，那就是：知识是聚集起来的，并不是存在于任何个体的信息之中。包罗万象的知识，给予我们所有人最希望的东西：选择。

正如亚里士多德所说，整体大于局部的总和。我们全都有过这样的经历。小组的全体成员坐在一块，共同商讨问题的对策。你提出一些点子，这些点子不会在成员私底下列出解决问题的各种对策时冒出来。这里还有一个更简单的例子：在烹饪时，你把所有的食材放在一块。你可以有序地品尝每一种食材，而且，每一种食材带给你一定的信息，一种特定的风味。如果你用这些食材煲一份汤出来，汤的味道将包含所有食材的味道，这种味道，与各种食材的简单累加而得到的味道截然不同。

想想，当你可以卸掉这些烦琐的细节时，你的行为会怎样改变？使用诸如智能手机之类的工具以及正在逐步发展的新工具，以一种最佳的方式构建系统思考的方式。如果你只是使用这些工具，不知道你的思考过程是怎样的，那么，随着你习惯的改变，你的思维焦点可能发生从烦琐的细节到宏观思考的转变，但它不会是有意识地发生。但当你如果是有意识地转变思维焦点，这种转变不仅更加高效，而且会更加深刻，因为你变得更加具有主动性，使得系统思考与决策之间形成最佳的因果关系。

比如，如果你有意识地转变思维焦点，你将不只是注意到智能手机可以具备的很酷的功能，而且可以根据你确定的宏观局面（目标）设置手机，使其容纳你需要的细节。当你在关注全局时，你能更加迅速发现其中的模式及它们的意义。你可以将这些工具自动化，以便收集你日后可能需要的细节。可以配置这些工具，来发现、保存、组织信息。随着时间的迁移，这些细节在不断累加，产生了模式和意义，有助于我们形成宏观视角。

## 优化细节的工具

在我们的环境之中，以及我们所做每一件事情的各个方面，都包含大量信息。20世纪90年代末期，一些科学家、企业家、投资家开始定义他们所谓的环境智能（ambient intelligence），也就是通过无处不在的传感器网络收集的，借助计算机网络传送的，然后通过一系列分析系统（有时也称为信息棱镜）来存储、分析和呈现信息的方式。

这种分析能力有助于我们理解大量来自传感器系统的信息，以支持决策过程，在某些情况下，支持自动化系统。在过去十年里，这些理念引导着一些能力的发展，现在我们早已认为这些能力是理所当然的了。

一个简单的例子是公路信息系统，这在很多地方已经投入使用，这个系统可以传送我们周边公路上交通运行的速度的数据，这些即时传送到电脑上的数据，能将车辆的速度与地图叠加，并且计算各种不同线路上的车速情况。如今，这些信息已经改变了数百万人日常的驾驶习惯。另外，从环境中收集而来的信息，通过实时地告诉人们前方道路上的交通问题，给人们提供替代的出行路径，优化了每个人在行驶中做出的关于怎样到达目的地的决策。从广义来看，这也是未来的决策支持系统与我们所做的每一件事相整合的方式。

现在，我们暂时回头讨论一下象棋大师的例子，交通状况的数据叠加到地图上，为我们提供了计算支持，使我们每个人都成了规划交通出行路线的大师。设想一下，如果我们必须收集所有的单个数据元、观察每辆汽车经过每一个传感器时的速度，会是怎样的情形。某种程度上，我们不得不将这些数据元堆积在一块，然后识别它们之中的规律。不过，电脑系统为我们收集数据，然后为了辨别规律，将收集到的数据叠加到一个模型（在这个例子中是地图）上，以便我们不需要专家的指导，也能理解实时的交通状况。正如前面几章我们探讨了技术的应用能够帮助我们做一些原本依靠自然的能力做不到的事情，计算提高了我们理解所有这些数据的能力。

想想，你的公司如何收集市场信息。假如你为一种新产品确定了一个三年目标，三年之后计划达到一定的市场份额。比如，你可以采用一个分析应用程序，分析有关竞争对手的新闻，这个程序将告诉你，那些新闻将怎样改变着市场状况。比如，新闻有：竞争对手的工人已经被解雇，或者一位新总裁刚刚上任并确定了新的企业发展目标，那么，这个应用程序将推送信息，用视觉式和叙述式的方式提醒你即将可能产生的新局面。能够视觉化地观看全局，再没有比这个更有效的了。

竞争对手的裁员，也许意味着他们公司以及你公司生产的产品和服务，在市场上并不是特别受欢迎。但也可能意味着，你的竞争对手存在与产品和服务无关的问题，这样的话，对你的公司而言，现在正是扩大市场份额的大好时机。你可以看见3D画面展示的竞争情况的各方面，以及可能产生各种影响的实时数据，帮助你做出更好的决策，让你知道什么时候采取下一步行动。

## 数据的视觉化

这里介绍数据的视觉化技术的原理：它是在一种象征性的语言中简洁地呈现信息的一个过程。对于数据，计算机可以帮助我们创建丰富的视觉体验，方法是运用动画式的符号来改变其颜色、形状、大小和位置。将信息浓缩为可视的符号，一直以来都是人类在历史长河中感受周边环境的核心，而电脑恰好是帮助我们高效地做到这一点的新工具，而且，如今的电脑能够处理的信息量，比以前大得多。

想一想小小箭头的例子。虽然我们认为这种可视的方向指示符号是再自然不过的事情，然而，直到1737年，人们才第一次用它来指示方向。在古代，箭头往往与武器联系在一起（或者，有时候也跟男子汉气概联系起来）。然而，随着中世纪罗盘的发展（在15世纪），箭头的含义开始与方向联系起来。它最初的一些应用是用在工程图与地图上。它在地图和道路上的使用，直到20世纪的时候才得到广泛采用。

还有一个例子，如今，电视台使用电脑来展示一组运动中的箭头，以便在一个地区的地图上显示天气状况的变化，比如气流的强度和方向等。这样做，电视台让观众更好地理解采用其他方法难以解释的气象数据。或者再举个例子，可以用运动的箭头来展示事故中车辆的移动方向，帮助法官理解复杂的多辆汽车造成的事故。

这些常见的应用仅仅是个开始。如果运用得当，交互式数据的视觉展示，是我们可以用来描述大量信息的最强大工具之一。新的产品正在迅速涌现，用来分析和呈现更广泛的信息，不只是数字数据。

比如，在一个创新项目中，技术人员制作了一整套工具，使个人能够获得世界各地区人口、健康和经济的统计数据。复杂数据的动态动画，形象地展示了复杂的问题，如果采用其他方式来展示，得耗费大量的时间才能理解。例如，观察25个国家的人民在过去100年里的健康与教育程度的关系，虽然是个极为复杂的问题，但通过现代化的视觉演示技术，可以轻易得到解决。

除了数字数据外，越来越多的项目在探索，如何让用户能够整理和展示那些以不同方式归类的可视信息。下面这个案例，与一家体育杂志的封面有关。这些封面报道了多少位自行车运动员？报道了多少位足球运动员？在一年的时间里，哪些体育运动得到了最频繁的报道？如果你把任何一种归类的数据放入这个系统，它将使你迅速改变你看问题的视角，并且将各种不同的类别结合起来，以创建不同的新的展示。这些交互式的工具，为我们对信息进行新的发现和洞察创造了机会。

交互式信息最重要的用途是为决策提供依据。无论你是一位商界人士、政策制订者，或是一位想要寻找最佳回家路线的普通人，都需要信息来作为决策的依据。通过分析模型与可视化工具来处理信息，对于我们必须要理解海量信息来说是非常重要的。

## 系统思考的步骤

成为一位优秀的系统思考者，首先要在脑海中确定自己的目标。你个人的目标是什么？公司想要努力实现的目标是什么？如果你非常清楚你的最终目标，其他的一切都变得容易起来。明确地知道你想要的结果，那么，中局和开局就将变得更易于理解。首先，在游戏的前期，你知道要寻找一些怎样的信息。其次，你将拥有一个分析模型，以便理解以目标为大背景的信息。

只要你对自己的最终目标十分清楚，那么，成功将取决于：确定你决策时需要的信息、用来收集和分析信息的技术、用来展示分析结果的工具、怎样根据那些让你接近最终目标的信息来逐步做出决策。最好的目标、信息与分析，如果你不用它们来制定决策，那它们将一无是处。

# 第 16 章 制定决策

什么是决策？为什么我们通常害怕做出决策？决策是一种利用有限的资源而做出的不可逆转的决定。因此，我们担心自己做出错误的决策，是有原因的。即使我们运用系统思考的方法，争取每一次都能做出可能的最佳决策，我们依然免不了担心。我们都知道，没有哪一种结果是100%可以确保的，所以，接下来就看我们在承担风险时的舒适程度。

## 决策的四个组成部分

我们在人生中需要做出决策，不论这些决策是什么。我们知道，即便是我们能做出的最佳决策，通常也需要承担某种风险。反过来我们也知道，我们需要承担一些风险，去争取获得我们真正想要和需要的东西。我将介绍的这个模型，我把它称为SAFE，它可以在任何的决策过程中应用，由下列四个组成部分构成：

**1. 消耗（Spend）**。你必须消耗一些资源，不论这些资源是什么，但在决策时，要使对资源的消耗最小化。要记住，虽然将资源的运用控制到最低限度，但依然要保证执行最佳决策。消耗，是指必要的消耗，将其限制在最低（以及最短时间），来验证你的假设、支持你的决策，并且实现你的目标。

**2. 行动（Act）**。没有什么比采取行动冒更大的风险了。但通常情况下，决策太迟，甚至比根本不决策还要糟糕。要记住的是，环境和条件无时无刻不在变化。

**3. 基础（Foundation）**。你不是随便地采取行动，或者在真空中采取行动。要评估可能的最佳决策是什么、评估承担多大的风险是合适的，必须分析来自系统思考方法中的各种细节和情况，并且将分析的结果与我们直觉的评估结合起来。不过，我们应当始终质疑我们的直觉，并且尽可能地用数据和分析来替代直觉。缺少数据的支持，虽然不应当成为阻止我们采取行动的理由，但是，采取的行动应当产生数据，要将这些数据，为将来的决策进一步筑牢基础。

**4. 发展（Evolve）**。为了消耗恰当数量的资源，在正确的时机行动，为将来的决策奠定了基础，你还需要一个收集和处理所有信息的方法，包括你自己个人的技能，以及你和你的组织为制定决策而开发的技术。提高你的技能，优化你采用的工具，需要持续不断的发展，在这方面，你的任务永远没有结束的时候。

对你来说，要回答的关键问题是：你有多大决心致力于改变你做决策的习惯。当我们用自己习惯的方式来做事时，我们总是感到最舒服。也就是说，我们很可能通过直觉和经验来决策，即使在某种程度上运用了宏观的系统思考方法。但是，直觉可能让你陷入麻烦。找到适当数据来分析当时的情况，并且质疑你的直觉和经验，是至关重要的。我希望你停下手边的事情，问自己几个问题：

在做决策的过程中，你的习惯、身份、辩护和预期如何发挥作用？你是否对此有意识？在制定最佳决策时，你是否有HIDE的倾向？当每一项信息给出的结论是Yes，但是你的直觉说No，最后你是不是依然倾向于No？你怎样克服这一点，依然做到SAFE？

什么是最佳的决策？认识到你必须消耗资源，但你能够将自己消耗的资源控制在最低，来实现你的目标。你需要一个模型，来做出这种在有限的资源条件下不可逆转的决定。你必须在消耗适当的资源、在正确的时机采取行动，而且，这样做的时候，要确保你为将来更优化的决策打下了基础，并且发展了你的技能和工具。随着时间的推移，你每这样做一次决策，就为将来做出更优秀的决策打下基础。

## 下定决心学习适应

为了发展你的技能与工具，你首先要下定决心去学会适应，并且认识到会有一些潜意识里想躲藏的障碍。我介绍这些概念，为了帮助你理解，如何适应由于社会移动云的技术而导致不断变化的环境，但是，你也可以将这些概念运用到你个人的决策，或者工作中的决策——你主动寻求的改变，而不是你必须做出应对的改变。

打个比方，假如你的目标是获得某一工作，得到这份工作，你认为需要获得一个更高的学位。回答一下这些问题：你认为你知道要获得那份工作你得付出什么，但你确定吗？你是否拥有相关数据？建议你连接到互联网，研究一下那些得到这份工作的人，他们到底拥有什么样的教育背景。

在做了一些初步研究之后，咨询别人。以合作的方式来处理事情，总是有益的。首先，咨询这一领域的专家，找一位导师。导师可能是网络上的一群网民，也可能是和你面对面坐在一起的某个人。你可以从这一领域的专家了解最真实的情况，但同时也要咨询一下非常了解你的亲密朋友。

在收集了更多人的观点后，还需要进行更多的研究，这次研究的问题应该是一些实际的问题：实现你的目标，将耗费多少时间和资金？在这一领域里，有多少个工作岗位？那个数字将会萎缩还是增长？这一领域中最成功的人士，拥有一些什么样的技能？重要的是把数据放到现实世界的背景中去分析。不要因为你害怕改变，就一直深陷在"拒绝"的阶段。在你进行这一研究时，不要变得手足无措，或者对实现目标感到绝望。

将你收集到的所有信息，放入到1年、2年、3年、5年和10年规划之中，看一看它们怎样跟这些规划相匹配。通常情况下，决策取决于时间，因此，拥有短期和长期的计划，总是有益的。短期计划的一个好处是，它给你提供了一个构架，以便在较小的规模下检验你的决策和风险，接下来，随着时间的推移，可以提高风险。比如，在获取高级学位的例子中：让我们假设，你计划在一年的时间内参加这一领域内的初步课程。或许你将获得的这个学位，可以直接满足你现在工作的需要，如果你发现根本不喜欢这些课程，就没有必要再浪费时间去制订长期的规划。你上的这些初步的课程，对你当前的工作已经有所裨益了。

同样，如果你发现你真的喜欢这些课程，那么，你的下一个决定将是提高风险。在第一年之后，你可能重新评估你的两年计划，并且在第二年里增加了三个课程，而不是你最初计划的两个课程。这称为迭代决策（iterative decision making），它使得风险降至最低，利润提至最高。

随着不断的学习，你需要不断完善和发展你的计划。当你草拟了第一稿计划时，展示给你的导师看一下，或者解释给他听。也许导师有办法让你节省更多的资源，或者稍稍将风险降低一些。你还可以通过走一条你第一次分析中并没有发现的路子，来实现你的目标。一定要使用一切可用的工具，并且以一种高效的方式获得尽可能多的信息。那样的话，你便能安全地继续下去，消耗适当的资源、在正确的时机采取行动、打下坚实的基础,并且改进你的技能与工具。

## 制定迭代商业计划

同样的这一过程,也能很好地适用于公司的决策之中。设想一下你的公司推出一种产品,拓展一个全新的市场,改变营销或客户服务的方式,你怎样开始这一过程?你怎样最佳地优化你及公司的思考方式,以便做出正确的决策?新产品与X、Y或Z展开竞争,新产品占据了价值10亿美元市场中1亿美元的份额。你的目标是达到30%的市场份额,但同时要将份额增加到2亿美元,因为新产品的功能将使得它在更大的市场上与价格更高的产品展开竞争。这个目标可能有一个时间、地域的框架,同时包含特定的客户细分。

和个人制订规划的例子一样,下一步是将规划细分到一个又一个的时间节点中去,比如1年、2年、5年等,并且理解产品推出的初期、中期情况会是如何。要记住,和下棋一样,随着你下出每一步棋,接下来的一系列下法,可能都改变了,导致你要重新思考、重新规划、重新引导你的资源,并且始终把最终目标牢记在脑中。收集了数据、优化了分析方法,并且能够理解一系列不断变化着的其他因素,你便能够改变你的规划。

传统的商业计划,会描述市场(竞争者、客户、机遇,等等)以及为了在那一市场中进行角逐而采取的特定行动(产品研发、营销、销售活动,等等)。其理念:市场中存在某种静态的特点,能以一种固定的方式来描述行动以及结果。但任何一个试图执行这种商业计划的人，都知道现实世界其实复杂得多，市场条件的每一个方面以及竞争环境，都是不断变化的。

因此，制订持续迭代的商业计划，首先要确定一个预期，那便是：万事万物都将变化。要预料到，市场行情将会改变、技术将会变革、竞争对手的技术也会变革，因此，需要你持续地收集这些影响到你计划的不断变化的条件，并且进行分析。要理解不同类型的变化将如何导致你转变策略，同时要意识到，你的行动也是实验的机会，提供最终将改变你计划的数据。

你越是把你所做的每一件事都想象成一系列迭代的实验，你就越擅长于收集你分析某一局势所需的信息。为你和组织收集丰富的数据和进行严谨的分析，从而奠定坚实的基础，各种决策既要根据数据来做出，也是为了产生更多的数据。

所有这些对数据的探讨，并不是说就不需要观察、运用常识和直觉的能力。你的目标应当是：在研究和学习新事物的过程时，练习将直觉与分析结合起来，以便朝着你的目标稳步前进。这里有一个例子：飞行员有一个仪表驾驶舱，里面的各种仪表，帮助他驾驶飞机。这些仪表就是分析工具，其中嵌入了大量自动化的决策成分。然而，没有哪位飞行员能不看着窗外开动飞机，因为还有一些威胁，是任何仪表都无法预测的。

这是将分析的科学与符合逻辑的推理的艺术结合起来的经典例

子。当你着手思考为实现短期和长期目标而需要采取的具体措施时，要记住，符合逻辑的推理来自经验、审慎的判断、提问的直觉，以及推翻没有任何道理的假设。如果有什么事情对你来说没有道理、解释不清，不要以为你的自我怀疑和恐惧是你的缺点（其实，恰好相反，那是你的优点）；或者，不要以为这些事情原本是有道理的，只是你自己没有理解。很可能那件事情，原本就是毫无道理的。经历一个寻找事实真相的分析过程，来检验某件事情到底有没有道理，要一直保持健康的怀疑，那是你的直觉。

当你收集与分析数据时，可以挖掘与相信直觉，它将有助于你收集正确的数据，摒弃错误的信息、识别出有用的工具和可靠的专家，并且在你看到机会的时候能够马上抓住。

# 第 17 章  适应变革的七个步骤

在这本书中，我试图阐述了社会移动云的一系列技术，它们正从根本上改变着企业的运营方式、社会的运转方式，甚至改变着个人的行为。在思考这些技术将对你的行业和生活产生怎样的影响时，我为你提供了一系列新的商业模式供你参考。而且，我提出了一些理念，帮助你理解这些变革是如何产生的、你可以做些什么，以便能从宏观的视角观察事物，以及如何更高效地制定决策，从而推动公司和你个人朝更富成效的方向发展。

所有这些，都围绕着适应的挑战而汇聚到一起——你怎样应对变革、接受挑战、学会不仅如何应对而且在新的环境中蓬勃发展。以下这七个步骤，可以帮助你达到这种适应能力，并且让你能够帮助你的同事和你的组织。

### 第1步：理解我们为什么抵制改革

在改变自己的行为之前，理解为什么会有那样的行为是至关重要的。在我们形成了一种体验后，很自然地会限制我们对变化的环境做出反应的能力，但这是可以克服的。我们只需训练自己，让自己能认识到这种体验什么时候开始衰弱，同时对其他的选择保持开放的态度。

### 第2步：拥抱数据与分析

无论是我们的职业生涯，还是我们的个人生活，如今都拥有了大量的数据收集工具和分析模型。这种由丰富数据与技术带来的全新感知，将改变你解读这个世界的方式。这一步能够拓展我们变革的能力。技术带来了新的感知，我们需要培养处理这些信息的能力，并且将其运用在我们的思考中。一旦你理解了如何使用收集到的新数据，就好比拥有了一系列全新的感知，而这些新的感知，将赋予你变革的能力。

### 第3步：理解社会化合作的力量

不管是在组织中，还是在社会中，通过获得集体的知识，并因此创造新的共享知识，我们的知识正在被改变。这是关键的一步，因为在这个环节，我们真正理解了，我们不但具备变革的能力，而且还可以通过使用社会移动云技术与家人、朋友和同事联系的方式，加速扩大变革的影响。这一步骤获得成功的关键是，培养对社会学的理解：我们怎样形成和获得集体知识、集体意识。在这种新型的合作中，我们能够使大脑不用装载过量的信息，因为通过工具我们可以轻易获得这些信息，你可以更容易地变成一位系统思考者，并且拥有全局观——这是适应变革能力的关键所在。

## 第4步：理解我们为何抗拒学习

我们抗拒学习新事物，其原因不外乎害怕失败，或者认为已经很好，不需要新事物。在这里，我们将使用从第一个步骤中学到的概念，用它们来理解我们传统的学习系统，这一传统学习系统形成于工业时代，它对我们个人与社会的变革都是有害的，因为它是基于一种负面的意识强化：所有事物都存在正确与错误的答案，如果错了，需要承担后果。但是，一旦你意识到需要持续不断地学习，并且接受犯错也是学习过程的一部分，那么，你就已经做好了发展新技能和获取新知识的准备。

## 第5步：使用新的学习工具

学习不一定非得在课堂里发生，与持续学习的理念相伴随的是一系列新的技术工具和学习体系。在线视频也成了新的大讲堂——比如麻省理工学院和斯坦福大学的大讲堂，这些著名学府已经把它们的课程放到了网络上。网上的社区和论坛，也营造了类似于课堂的环境，在那里，我们可以互动，解释各种概念、就各自的理解进行争论，并且提出新的观点。自从中世纪的大学诞生以来，教育机构很大程度上一直保持不变，非常容易聚集教师和学生。但是，社会移动云技术已经颠覆了学习，现在，你能在任何地点、任何时间学习，并且学习所有的内容。

### 第6步：学会系统思考

简单地讲，系统思考就是学会怎样从全局来观察事物，并且在必要时运用细节，但不是把你的精力分散到不重要的细枝末节上。运用系统思考，你再也不必遭受信息过多之苦。系统思考是有效的、清楚的，能让人们的能力倍增。运用系统思考，你可以在现代世界的任何一种局面下游刃有余地应对。实现这个步骤十分关键，因为它可以带来更优良的决策，并且让你能够理解，当你身边环境的方方面面都已经改变时，怎样克服经验和直觉的影响。

### 第7步：制定决策

令人吃惊的是，从来没有人正式地教过我们优秀的决策技能，无论是在学校里，还是在职场中。然而，在日常生活的每一个方面，制定决策都是我们要做的最重要事情。通过不断地改革、收集数据、提高我们的分析能力，我们可以依据数据和分析做出优良的决策。即使我们的直觉告诉我们应该做出别的决策，我们也依然能够保证决策优良。

## 数字化变革:

## 未来 10、20、50 年，你和你的企业会变成什么样子

在人类文明演变的过程中，我们已经见证了农业劳动人口稳步减少的趋势。技术的进步，做到了两件事：提高了土地的产出能力（采用灌溉、施肥和转基因育种的方法）和提高了每一名劳动力的产出能力（通过使用犁、拖拉机、施肥机等）。随着每一代新技术的推广应用，每一英亩和每名劳动力的产出得到了增长，使得我们在养活不断增长的人口的同时，降低了从事体力劳动的人口百分比。

在过去的两个世纪里，工业革命一直对其他类别的劳动力产生着同样的影响。生产流程和机械的引进，使得工厂能够用越来越少的劳动力，越来越容易地生产出越来越多的产品。最终的结果是什么？我们难道朝着零劳动力的方向迈进吗？

　　这是彻底变革的时刻：冰块融化成液体，僵硬的结构如今变得动态流动，这就是我们发展的方向——几千年来为了发展最高效组织管理生产力所做的一切，在接下来的几十年里都有可能被淘汰。

　　当你的目标是组织一个小组的生产产出时，以下两件事情非常重要：一是为每个人定义具体的角色和行动，二是构建一个层级分明的组织，以便组织中的个人得到有效监管，能够正确地扮演那些角色和履行那些职责。古斯巴达之所以成为一个军事强国，在于他们遵守了这两条规则。每一位战士都知道自己的职责，而且，每一个小组都有他们的领导者。如果你的小组朝左边移动，你也会朝左边移动。个人基本上没有灵活行动的自由。同样，在工业革命中，我们学会了将劳动和工作专业化，以便不需要个人自由地采取行动，便可以实现相互之间的协调一致。

　　取消几千年来的陈规旧律，不是一件容易的事，但是，如果我们想将人类的进化发展到下一个层次，必须做下去。我们的脑力，而不是我们的体力，将在未来的工作中占主导地位。有形的产品，是由机器生产出来的，而不需要由人产出。

　　对我们来说，要想高效地思考，需要相互之间采取不同的方式来沟通交流。当我们作为一个集体，要向左边移动时，我们不能只是训练我们身体全都向左边移动。相反，要充分调动每一位脑力工作者的智慧，为集体的行动做贡献。当我们凸显自我、对整体提供差异化的价值时，我们的大脑可以创造最多的价值，这与肌肉不一样，体力创造的价值只是简单累积。

为了脱颖而出，我们以一种新的方式相互需要，我们需要以一种真正高效的方式合作，一种找到平衡的方式来合作：首先是个人的创意，然后是形成一个"大于各部分简单累加"的整体。万幸的是，分散化的工作场所，为单个知识分子创造了这种能够再度发声的自主权，而不再像工业时代时期那样：乌合之众沉闷、固定的工作场所。

当然，正是社会移动云技术，使得劳动力分散化与急剧变革成为可能。这里潜藏着我们的答案：我们怎样放下数千年形成的陈规旧律，并且再造公司、产业和经济，以便最佳的创意能够如潮水般不断涌现。

变革将由技术来调节，而我们个人的成功，将取决于能不能良好地适应和欢迎这些技术。我们很难预测变化与技术的细节，但其大致框架可以告诉我们如何在这个新世界中生存，以及做出什么样的选择。相比之下，从现在开始算起的未来10年、20年和50年的这个世界与我们今天这个世界的差别，将比我们今天这个世界与10年、20年、50年之前的世界的差别大得多。随着变革速度的加快，我们可以预期，即使时间跨度是相同的，这种差别也将继续扩大。

从以上的预测中我们已经知道，未来不可能跟我们想象的情形相类似，因为我们想象的那些愿景，都是依据我们当前已经知道的东西来预测的。正如20世纪60年代的人很难预测到微型计算机对我们现在工作生活有什么意义，我们发现，我们不可能知道今天实验室的技术，将在未来的数十年里怎样改造这个世界。

我们唯一可以预测的是变革。这个世界的一切，只有变革是永恒的，其他都是不断变化的。因此，我们最终都必须做好适应变革的准备。看一眼将来，我们也许必须适应：

## 10 ~ 15年之后的世界

未来10年世界的趋势，现在正在发生，虽然我们不知道哪项重大的突破可能怎样改变世界，但是，我们可以预测到两种重人的变化。我们已经知道，电脑将继续变得越来越小，沟通将会更加无处不在，我们对两者的运用，将会越来越多地嵌入到我们所做的每一件事情之中，从而从整体上改变我们与这个世界互动以及人际互动的方式。在宏观的层面上，私营企业已成功地将火箭射入地球轨道，而且，探索月球及宇宙其他星球的商业化太空探测计划，也早已制订出来。

一种可能性是：计算可能转变感知。我们的眼睛和耳朵，可能具有调节计算的功能。当我们看某样东西时，增强版或注释版现实，可能与信息相重叠。我们的孩子长大后，可能对现实世界究竟是什么，有着完全不同的理解。就如我在书中提到的，到一个完全不懂其语言的陌生国家去旅行，今后甚至都不再成为问题。那个国家里的各种符号，以及当地人说出的声音，都可以即时地翻译成我们可以理解的语言。

一方面，信息和通信延伸了我们在当地的现实；另一方面，我们还可以将整个世界，延伸至太阳系的文明。空间旅行将变成一种商业运营，不再只有政府才能负担得起。虽然在未来10年内，我们也许距离到月球上度假还很遥远，但目前已经有一些真正的项目正在研发之中，这些项目旨在将商业的空间站"酒店"发射到轨道之中。而卫星探测、到月球上采矿，甚至到太阳系更遥远的深处去探测，也将逐步展开。这并不是科幻小说——眼下，这已经开始发生。

## 15～30年之后的世界

当然，计算仍然会进一步发展，但我们还应当看到，我们在这个星球上赖以生存的基础设施，已经开始出现一些重大变革。为了支持我们使用的所有技术，我们对能源的需求日益增大，同时，世界人口也在逐年增加（各国人民也越来越富裕），大家都希望获得更多的高新技术（更不要说需要更多的食物和住所），因此，这样的可能性是存在的：越来越多的机器人可能改变我们生产能源、食物和新鲜水的方式。

计算还会进一步改变我们与这个世界互动的方式。将来，我们身边发生的一切事情都可以记录下来，而且我们可以便利地访问这些记录，所以，我们回忆过去的能力，将大为提高。如果你时常不记得把车停在哪了，或者在杂货店买东西的时候，想不起你配偶要你买什么了，怎么办？也许只要重播一下你停车或者拿到清单的时刻就可以了。

从表面上看,将来的某一天,从厨房的洗手台到街上的各种标志,都将变得富含信息,并且变成交互式。计算有可能被嵌入到我们使用的各种物品中,以至于我们不再把它当成一个计算机。比如类似于一台电冰箱,但它能知道里面存放了什么东西,并且可以发出订单,告诉你哪些东西该换了。或者,也有可能类似于智能的烤面包机,它可以检测到面包烤成了什么样子,并在必要时切断自身的电源。还可能类似于智能汽车,它知道你什么时候需要用到它,并且可以自动地为你提醒,它自己有些什么请求(例如加油、维修等)。

但是,也许人类面临的最重大挑战是拥有可靠和清洁的能源。节约能源,对这个星球的种种问题而言,并不是一个长期的解决方案。相反,我们需要使用更多的能源。我们需要大量可使用的能源来生产更多的清洁水、更多的健康食物、更多的产品,并且开辟更多可居住的地方。在未来20年,太阳能能够满足更多人口的需要吗?太阳能电池生产与改进的速度的双重影响,我们在电脑技术中也已经看到过类似的趋势。结合其他能源领域的创新,我们可以预期,未来20年内,世界的能源格局将出现重大转变。

新的能源,将使更多的人拥有和消费更多的商品,同时对这个星球的环境影响反而更小,这对于保持政治稳定和社会稳定是至关重要的,因为它将使越来越多的人受到良好教育,因而能通过他们的大脑,而不是通过他们的体力来谋生。

## 50年之后的世界

想一想50年前的这个世界，也就是说，20世纪60年代早期的时候，并且将那时候人们的生活与工作，与今天的情况进行一番比较。现在，试着对照已经过去的50年所产生的变化，设想一下今后50年的生活。然后，将那种变化的幅度翻两倍或者三倍。即使那样，可能还不够。我们很难想象我们的曾孙辈将怎样生活，但我们很多人，将有机会亲眼目睹。医疗保健的进步，已产生了累积效应，而且可能继续产生累积效应，使过去一个世纪里本已大大提高的人均寿命继续延长。如果人们每年的寿命按现在的幅度继续延长，我们可以轻松地见证，50年后的人均寿命将超过100岁。

到那个时候，我们可能开始在月球上，并且或许在太阳系的其他星球上开采矿藏。我们也许充分拓展了在任何时候连接到电脑和通信网络的能力。机器人和自动化的制造，可能已经替代了我们生产商品或者提供大多数服务所必需的几乎所有的体力劳动。

我用这些思考作为本书的结尾，因为我希望你能理解，这本书一开始提到的社会移动云的技术，只是一段更长的高科技变革旅程中的小小一步。即使我们适应了这些新技术，这个世界还是将继续变革，而我们又需要适应新的变革。在10年、20年和50年之后，你和你的公司会立足于何地？我们需要持续不断地适应，以便融入这一令人无比兴奋的未来。